神島達郎著

熱血あるもの、黙視しうべき秋《とき》ならむや

山田孝雄《やまだよしお》

在りし日の山田孝雄先生

山田孝雄　目次

第一章　国語学者としての経歴

第二章　孝雄と谷崎源氏

第四章　孝雄と文法

第一章　国語学者としての経歴

一　はじめに

山田孝雄の「孝」は「よし」と読む。安土桃山時代の武将の黒田孝高の名前は「よしたか」と読む。

ところで、筆者は新聞の「赤ちゃん」欄を見るのが毎朝の楽しみの一つである。片仮名の名前や平仮名の名前がほとんど見当たらず、漢字の名前が圧倒的に多いのに目を見張る。やはり親は日本人であるなとまず感心し、次にきまって読みの難しさに困惑するのである。

文化勲章受章

実は、山田孝雄の「孝」も読みが難しいと言えまいか。『角川大字源』を見ると、名乗り用の漢字としての「孝」は「あつ・たか・たかし・なり・のり・みち・もと・ゆき・よし」の九種類もの読みが示されている。さらに「よし」と読む名乗りの漢字は二三一字も挙がっている。例えば、「烈・衷・霊・徴・督」などの漢字が名乗りの漢字として「よし」と読めるのには驚きを感じざるを得まい。さすがに漢字は表意文字であると改めて感心したくもなる。

二　学ぶ十代

さて、山田孝雄は明治八年（一八七五）八月二十日、富山市総曲輪《そうがわ》の地に、父・方雄《まさお》、母・ヒデの間に次男として生まれた。厳父方雄は、元富山藩士であり、国学者・連歌師としても活躍していた人である。廃藩置県以後は、新潟県の弥彦神社の禰宜また富山市の於保多《おおた》神社の神職などを務めていた。したがって、孝雄は、幼年期を新潟で過ごしたが、明治十六年（一八八三）八歳の時帰富し、新潟の小学校から履新小学校（愛宕小学校）に転校、同十七年六月には同校初等科を卒業した。同十九年（一八八六）七月には啓廸《けいてき》小学校（総曲輪小学校）に入学し、翌二十年三月に同校中等科を卒業。同年四月には富山県尋常中学校（現富山県立富山高等学校）に入学、翌年一学年終了時には学力優秀によって、優等賞並びに『ナッタル英和辞書』が授与された。しかし、この一年だけで退学した。富山高等学校同窓会の『会員名簿』を見ると、孝雄は第四回生として登録されている。孝雄は同期生の参議院議員並びに富山市長を歴任された石坂豊一氏とは特に親しくしていた。ある日、石坂氏は孝雄の父君に漢文を学ぶために山田家を訪れた時、「父の知っていることぐらいなら、僕はわかるよ。」と言ったので、それではというわけで、石坂氏は孝雄から漢文を学んだと述懐している。

幼い頃から、厳父の蔵書を手に取って漢学や国学に親しんだ。また、厳父は県内の神社の若い神職者たちに国学や漢学を指導していたので、孝雄はおのずと門前の小僧となって林羅山（一五八三～一六五七）や荻生徂徠（一六六六～一七二八）や本居宣長（一七三〇～一八〇一）等を知ることになったのであろう。そしてこれらの学問を確実に身に付け維持するには、まず日本国の古い言葉や古い物語、日本国の伝統ある歴史や伝統ある神道を学ばなければならないと思った。孝雄は、明治十六年（一八八三）から明治二十二年（一八八九）までの間、富山市総曲輪の佐伯有《あり》種《たね》の主宰する私塾（寺子屋）で漢学を学んだ。また、明治二十二年から明治二十六年（一八九三）までの間、富山市豊川町の尾山今民の主宰する私塾（寺子屋・尾山屋）で国学を学んだ。これらの寺子屋での学びから「漢学・国学をさらに堅実に自分のものにしなければならぬ」ことを悟り、これらの学びをさらに独学独習で実行することを固く心に誓った。そのためには、まず国語の教師になることがそれらの学びの実現化への近道であると考えたのである。

孝雄は、そういった道を一日も早く歩むためにも、また家業を助けるためにも、十八歳から資格が取れる小学校授業生（五年間の期限）の免許を早く取得したく思い、明治六年（一八七三）五月十日生まれとして申請し、明治二十四年（一八九一）十二月に、その免許を取得した。翌二十五年一月には草嶋小学校の授業生になり、同年九月には同尋常小学校の準訓導になった。十二月には富山県管内高等小学校本科準教員の免許を取得、続いて明治二十六年三月には上市《かみいち》尋常高等小学校の準訓導になった。同年六月には尋常小学校本科正教員の免許を取得、同年十月には下村忠告尋常小学校の訓導になることができた。明治二十八年（一八九五）六月には尋常中学校国語科教員及び尋常師範学校国語科教員の免許を取得、これらの免許の試験は東京で行われた。孝雄は、その時の様子を次のように述懐している。

六月三十日夜思ひいづるままに

月日は矢を射る如くにて、早くも、六月参十日とはなりぬ。今年も半ばは、すぎにけり。まことや、今日は、大祓なりとか。いでや、今日の夕日降るに、月頃、犯しゝ罪事を、祓ひ清めてん。

初日影と共に、改りし年の始には、たゞ、なす事もなくて十日計りはすごしてけり。さて、のちは、去年より、志しゝ望を果さんとて、昼は公の暇をぬすみ、夜は身の休らひをちぢめ、からくしていさゝかづゝは学び得たりき。十五日に、願書を県庁へ奉《お》くりぬ。かくてはいよいよ志を果さずとは世に面伏の限りと思へば、いたく心のみせかれて、物くふ暇もあらばこそ。公の務も、私のわざも、さすがに、打捨かねつれば、形の如くに計らへど、心はいつも、かしこにありて、分秒をも争ふほどなりき。かくの如くにて、二月もすぎぬ。三月も。されど、其試験の日だに月だにしれざれば、心は八重の霞の底にさまよひ入り、かにかくに、思ひみだれ、かつはをぢなき身にておほけなくも、かけはなれたる望を立てたるも、やうやう、さとられて、今更、うちやめてんと、思ひし事もしばしばなりき。

さりけれど、試験は、四月廿六日より始まるとの事は、知れわたりぬ。公の暇を賜はり、父母の君にわかれをつげて、急ぎ東京へ上りぬ。門出したるは十五日、つきたるは十七日。叔父の家にやどりて、日々日々、図書館へ通ひき。兄上にあひしうれしさ、姉上に生れしより、始めてあひし時のうれしさ、いまも、胸とゞろきつ。我が望む学科は、三十日の試験なり、受くる人、二百人斗り。及第したるもの、六十五名、己も亦いかなる誤りにか、僥倖にも、其うちにありき。第二の試験は、五月九日なりき。公の賜へる暇、限りあれば、にはかにかへりて、後にきけば、このたびは、合格の者、二十四名なりしが、己いかなる仕合にか又このむれにもありきとぞ。あまりのいぶかしさに、二度まで、兄上に、取調べを、頼みつれど、いつもいつも同じ事のみなりければ、つひには、それと思ひ定めつ。されど今もなほ免許状のこぬは、もしくは誤りにか。いと覚束なし。

かくて試験もすみ、望はよくも、あしくも、半ばは、果しぬれば又しも、はゆまつかひをはじめつ。日に六里、月に百五十里ばかり、げにおびたゞしき路の程なり。かく書きつけくれば、いさゝか、事をなしゝが如くには、あれど、これはこれ、己が生のかぎりの、志の中にていへば、兎の毛の末に、おける露に、異ならず、いよいよ、勉むべき業にこそ。（『山田孝雄の立志時代』の中の「麓の通路」から）

中学校そして師範学校の教員を目指しての猛勉強の成果を待つ二十歳の青年教師の胸の高鳴りが聞こえてくるようである。孝雄は、試験のためだからといって勤務先の下村忠告尋常小学校をけっして無断欠勤などはしなかった。明治二十七年か二十八年かの大雪の日、一緒に小学校を出た教頭は「山田君、雪がひどいから、今夜は私の家に泊まりなさい。」と温かい言葉を掛けたが、孝雄は「ありがとうございます。でも、母がたぶん神通橋まで迎えに来ていると思います。」と断って家路を急いだ。「やっぱり母は吹雪の中に立って、私の帰りを待ってました。」と、翌日には教頭に報告したそうである。しかもその日の朝は誰よりも早く出勤して下調べをしていたのである。

三　故郷出立

これらの免許を取得したからには、中学校の教員となって、自分の力を試すためにもまた家のためにも、もっと働きたいという思いが孝雄の心の中に強く募ってきた。明治二十九年（一八九六）三月、二年半も勤めた下村忠告尋常小学校を去ることにした。別れの日には、児童たちは、校門の外まで出て「先生、までねえ……。」と孝雄の姿が見えなくなるまで手を振り涙を流して別れを惜しんだ。二十一歳の青年教師も、涙を流しながら、振り返り振り返り、帰途に就いたのである。

翌月十五日、兵庫県篠山《ささやま》の私立鳳鳴《ほうめい》義塾の教員になるために、いよいよ孝雄は故郷を出立した。その時の心境を次のように述べている。

明治廿九年四月十五日門出したるときの記

春もやゝ更け渡りて四方の山々は何ごともなく種々の花さきみちて都ならねど春の錦とは見られけり。この錦なす野辺又山辺を見すてゝ遥けき旅路に向はんは如何に心なき事とかやいはむ、いかに口惜しき限ならぬか。さはいへ行かであるべき道ならねばやうやうにして思ひ立ちぬ。頃は四月の最中なり。されどわれ目ざすは都なり。故郷の花にあらなくも都の花は又一ふしあるべし。それをだに見てばなぐさみてむ。

午後四時父のうし母とじに暇を乞ひ妹共に別をつげて心づよくも家を離れぬ。もとより長き旅路にもあらず一月の後にはかへり来てむとおもへばなり。方良子《まさよし》見送りにとなり、共にまかる東田地方村《ひがしでんじがたむら》に至りしに折よくも小舟一艘下らむとせるがありいそぎのりてけり。道々のけしき山に野辺にはた水に暫しの別れとは云へ何となく名残り惜しき心地す。

やがて岩瀬の港につきぬ。田野尻屋に至りてきけば汽船は今宵出でずといへり。せんかたなし。けふ出来《いでき》しかひなけれどかへる事もならねば一夜の宿をかる事といたしつ。（『山田孝雄の立志時代』の中の「麓の通路」から）

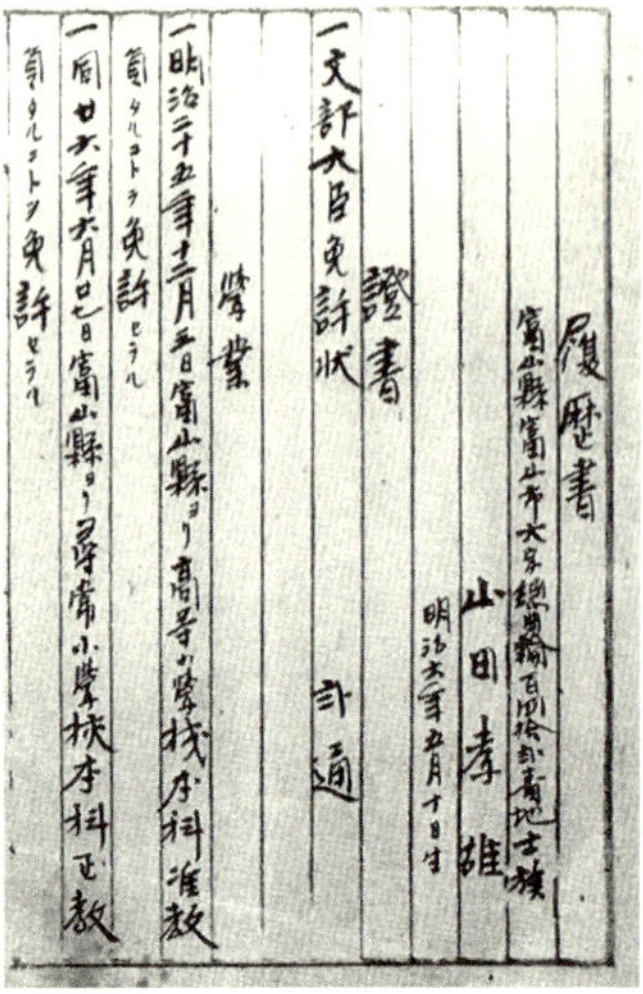

履歴書
富山縣富山市大字總曲輪百四拾弐番地士族
山田孝雄
明治六年五月十日生
證書
一文部大臣免許状　弐通
學業
一明治二十五年十二月五日富山縣ヨリ高等小學校本科准教
員タルコトヲ免許セラル
一同廿六年六月廿七日富山縣ヨリ尋常小學校本科正教
員タルコトヲ免許セラル

履歴書

私立鳳鳴義塾では舎監も兼ねて公務に励んだ。現在の兵庫県立篠山鳳鳴高等学校には、孝雄の履歴書、免許状二通、教員仮免許願が保管してある。ここに履歴書を紹介してみよう。なお、履歴書には生年月日が明治六年五月十日生となっているのに注目せざるをえない。

明治三十一年（一八九八）六月には師範学校女子部並びに高等女学校の日本史の教員の免許を取得した。教師として落ち着いて日々励んでいたある日、生徒から助詞の「は」は主格を示す以外の表現がいくらでもあるから、主格の助詞と断言するのはいかがなものかと指摘され、孝雄は容易には返答することが出来なかった。その後、約一年間文法に関する数々の書物を調べ続けたが、適正な答えを得ることが出来ず、孝雄は自分で文法研究を進めるしかないと決意した。

そして苦節十二年、明治四十一年九月に、大著『日本文法論』全を世に出したのである。

明治三十一年十月、奈良県尋常中学校五条分校に転任し、翌年六月には奈良県郡山《こおりやま》中学校舎監を兼任した。明治三十三年三月には、中学校倫理科教員の免許、師範学校並びに高等女学校の修身科教員の免許を取得。これらの免許を取得する検定試験を受けに上京していた時、五条分校が出火焼失した。自分の出張は春期休暇を利用したものであると思うものの、孝雄の心の内には、この出火は自分の不在によるものではなかろうかという思いが日増しに募ってきてならなかった。この思いを払拭するために、明治三十四年五月、高知県第一中学校安芸《あき》分校に転任することを決心した。後日、このときの心の痛みを次のように述懐している。

これはどうにもならない。まず責任をとって辞職転校することである。どうもそれしか方法がないようだ。悩みに悩んだ末の結論である。しかし転校といっても当てもない。自分で自分を罰しようとするこの気持ちを判ってくれるのは、やはり山本章君ぐらいしかいない。今、山本章君は安芸（土佐）にいるはずだ。もう一度頼んでみよう。土佐なら一望無限の太洋に面しているから、この僕の今の心のくしゃくしゃした気分を払ってくれるだろう。そう覚悟して、山本君に、今度の事件で自分が責任をとって転校しようと思っていること、ついてはそちらに転校の口がないだろうかねと心情を訴えた、と。

明治三十四年五月四日の夜、郡山中学校の寄宿舎の生徒たちの前で、別れの言葉を述べた時の様子を『安芸転任日記』に次のように綴っている。

これで一段落ついたが、さていひだしにくい。たうとう思ひきった。僕は此の度自分の勝手で転任さして貰ふ事になった。何処其処へ行くのだ。辞令も貰った。永らく一緒にゐたが、世話のしがひもないもので申訳のない事であった。どうか将来も熱心に勤勉して立派な国民になって貰ひたい。これをきいて返事するものがない。いつもであったら愉快な談話をして彼等を楽しましめ、又種々社会上経験上の質問などうけて精神の交際をするのだが、今日は一座しんとして皆頭をうなだれてゐる。時々す丶る音がするのみである。僕も涙禁ずる能はず。実に教師といふ為事、殊に舎監といふ職は罪なものだと思った。勿論自分も栄耀栄華がしたくて転任するのではない。失敗した事があるので人に面をあはす事が出来ぬから自ら身を退かす事に決心したのである。

いつまでたっても生徒は何ともいはない。僕もいふ事が出来ない。半時斗互に無言の行をしてゐた。果しがない。皆かうしてゐてもしやうがないから、まあこれでやめにしよう。又明日もあるから緩々話をしようといふて皆を室へもどらした。皆は黙礼して各其の室へかへった。僕は後姿を見て暗涙数行。

孝雄は、この別れから四日後、明治三十四年（一九〇一）五月八日に、高知県第一中学校安芸分校に着任した。一週間後の五月十六日には「自配の記」と題して次のように心境を述べている。

明治三十四年五月八日余は故郷を去ること百八九十里なる土佐国安芸町に来りぬ。あゝわれは絶海の孤島之一流人となりぬ。胸中あに一滴の涙ながさむや。

思へば、われ中等教育に従事してよりこゝに五星霜其の間多少の経験なきにあらず。さはいへ我は見事失敗しぬ。こゝに自ら己を罪せむと好んでこの孤島に下りぬ。

我がこの地に来りし縁因は今いはず。この地に来らむと思ひし前途の望は亦多少存在するなり。我豈に絶望自棄する弱行漢ならむや。ここに一二の星霜をこの孤郷に過して大に面目を一新せむと欲してなり。

面目を一新せむとするは如何なる理由によるか。この地山水明媚なり。以て俗腸を一洗せむ。この地気候温和なり。以て身体を静養せむ。この地太洋に枕臨す。一望万里渺として際涯を知らず。以て気宇を潤大にせむ。この地風俗質朴なり。我が生活の地に適す。この地交通不便なり。我が軽躁なる身を置くに適す。加之公務閑散時間余裕あり。以て修養に供すべく、以て研究に供すべし。我れ此の地に来るを肯《がへんじ》てせし所以なり。

然りと雖も高知へは行程一日を要す。本土へは海を航せずば達しうべからず、しかも其の航海日を隔てゝ便の存するのみ、航路亦約一昼夜を以て始めて神戸に達しうべし。神戸よりして故郷まで百里、この間鉄路の便ありと雖も、又一昼夜を要す。かゝる遠隔の地に至るこれ孝なるか。あゝわがたらちねは遥に南海の天を仰ぎて旦夕我が健康を祈り玉ふらむ。あはれ不幸の子よ。膝下の色養に誠を致すことを能はざるのみならず、止むを得ざりしとはいへ、この孤島に来りて更に父母の恩を増す。あゝわれ不幸の上塗をなせり。仰いで天に悲しみ、伏して地に嘆き、遥に北陸の天を望みて静に父母の健全を祈るのみ。(『山田孝雄の立志時代』の中の「大言小言録」から)

四　文法研究に専念

「絶海の孤島之一流人」という心境はほんのひと時、風光明媚にして気候温和な土佐の地が孝雄の気分を和らげるのに時間を取らなかった。とは言っても、孝雄は、睡眠時間を一日四時間にして、文法研究に邁進した。『古事記』や『万葉集』『源氏物語』や『古今集』等あらゆる我が国の古典を渉猟し、富士谷成《なり》章《あきら》や鈴木朖《あきら》等の文法書を精読し、更にスヰートの英文典、ハイゼやヴントの独文典等を繙いて、真に日本語に適合した言語論・文法論を樹立しようと日夜励みに励んだ。それにしても英語・独語の独習は並大抵なものではなかったろうと想像されるが、これらの外国語の文典に対する孝雄の解読は極めて正確そのものであることに、『日本文法論』を手にする者は誰もみなまず納得・驚嘆するところである。

余が研鑚《けんさん》はこの地にありて一進境あらむことを期す。出来うべくば、余が研鑚をしてこの地にある間に一頭地を抜かしめよ。余の此の身は如何なる境遇に在りとも、敢へて憂うるに足らざるなり。（『山田孝雄の立志時代』の中の「大言小言録」から）

この言葉は若い研究学徒の情熱の迸りである。明治二十九年（一八九六）からの研究結果を書き上げ、それを明治三十五年に明治書院に持ち込んだ。しかし、断られた。その代わりに、院主の三樹一平氏は、宝文館の大葉久吉氏を孝雄に紹介した。三樹氏の言葉に従って、大葉氏は孝雄の処女出版を引き受けた。

ところで、大葉久吉氏は岐阜県人。明治六年生まれ、岐阜県尋常中学校卒業後、大阪を中心に出版・販売を行っていた書店吉岡宝文軒に就職した。明治三十三年（一九〇〇）この書店の東京進出にあたって、大葉氏は管理者として上京した。翌三十四年にこの東京出張所を譲り受け、宝文館と名付けて出版社を創業した。

明治三十五年、二十七歳の孝雄は、『日本文法論』上をその宝文館から出版した。孝雄は大変感激した。孝雄は生涯七十余冊の研究書を世に出したが、その三分の二以上は宝文館発行である。孝雄はこれらの研究書の印税を一切受け取らなかった。これに対して、大葉氏は孝雄に研究費を贈り続け、孝雄をして研究に一意専心せしめたのである。この二人から明治の人の骨太にして誠実な気概が感得されてならない。大葉氏は昭和八年に亡くなっているが、孝雄は『源氏物語の音楽』（宝文館・昭和九年）という著書の最初のページに、大葉氏の死を悼む言葉を掲載している。ここにそれを紹介してみたい。

顧みれば明治三十五年、余が日本文法論を公にせむと欲するや、一介無名の野人の著顧みる人とてはあらざりし時、快く之を諾せしものはわが大葉久吉君にあらずや。（中略）君屢々源氏物語の注釋を草せむことを余に諷す。余思ふ所ありて之を諾せざりき。昭和八年九月本書を稿せしことを語るや君必ず之を得むといふ。余快く之を諾す。しかも、わづかに二閲月にして幽明境を異にするに至れり。悲い哉。ここに本書を君が霊前に捧げて以て約を果し、頌して曰はく

蝶鳥のその楽《がく》きけは舞見れはその極楽のおもほゆるかも

孝雄は、明治三十七年（一九〇四）にこの『日本文法論』を学位請求論文として、審査を東京帝国大学文学部にお願いするという但し書きを付けて文部省に提出した。無名無学歴の一介の田舎の青年教師の論文などは容易に審査対象にはならなかったのは当時としては当然のことであったかもしれない。昭和も四年になってその二月にようやく学位が授与されることになった。

五　上京そして山田文法樹立

孝雄は、明治三十九年（一九〇六）四月、高知県立第一中学校教諭兼舎監を辞して、いよいよ上京するに至った。孝雄三十一歳の時であった。上京当初は、兄の有方《ありまさ》の親友である彫金家で歌人の香取秀真氏の家にしばし身を寄せた。

ところで、上京の四年前の明治三十五年には、「国語調査委員会」が発足された。委員は、加藤弘之・嘉納治五郎・井上哲次郎・澤柳政太郎・上田萬年・三上参次・渡部薫之助・高楠順次郎・重野安繹・徳冨蘆花・木村正辞・大槻文彦・前島密の諸氏で、委員長は加藤弘之、主事は上田萬年というメンバーであった。また、補助委員は、芳賀矢一・保科孝一・新村出《しんむらいずる》・岡田正美・林泰輔・大矢透の諸氏が任命された。明治四十年一月に新村出が京都大学に転任したので、その後釜として翌二月に孝雄が補助委員に任命された。以後、大正二年（一九一三）この委員会が廃止されるまで補助委員を務め、この間、『平家物語』についての調査研究に従事した。その成果として、明治四十四年（一九一一）に『平家物語につきての研究・前篇』（著作者名義は国語調査委員会）、さらに大正三年（一九一四）に『平家物語につきての研究・後篇上下』（著作者名義は文部省）が刊行された。この三冊をまとめて『平家物語の語法』とも称されている。これらの研究書について、国語学会編『国語学大辞典』は次のように評している。

前篇は『平家物語』の諸本の研究で、七〇種の異本を集め、一七類に分類し、それらの関係を明らかにした。しかる後に、延慶本が鎌倉時代の国語資料として有益であることを論証している。後篇においては同本の音韻・表記法・語彙・語法の諸現象を全体にわたって網羅的に記述し、遺漏がない。一個の国語資料に対して、かように網羅的に詳細な記述をしたのは、前後に比を見ないばかりでなく、甚だ創見に富んでいて、画期的な業績といえる。（中田祝夫）

ところで、明治四十一年（一九〇八）五月、文部省は臨時仮名遣調査委員会を設置した。菊池大麓（委員長）・森鷗外・徳富蘇峰・三宅雪嶺・上田萬年等錚々たるメンバーであった。いわゆる「改定仮名遣い」が審議されたが、委員会第四回会合の席で、森林太郎（鷗外）陸軍軍医総監は「仮名遣意見」を演説した。そのためであろうか、「改定仮名遣い」の論議が中止となった。森は、孝雄の『日本文法論』上をかつて読んで、「山田孝雄を知って国語の将来について託すとの出来る一つの安心を得た」という感想を述べていたと伝えられている。実は孝雄も「改定仮名遣い」には反対であった。

上京以来、国語調査委員会補助委員の仕事に刻苦精励したことはもちろんのこと、自分自身の研究も大車輪で進めた。明治四十一年九月、一五〇〇ページにも及ぶ大著『日本文法論』全を宝文館から出版した。三十三歳の時であった。六年前に上巻を出したが、その後、中巻・下巻を出すことなく、一挙に全一巻としての大著を出版したのである。この大著の緒言の終わりの部分を見てみると、

　本書の一部は五年の昔に、公刊せしが、全部は之を公にする機を失ひて今に至りぬ。かくて其の間の著者の研究は本書の下半部をば全く面目を一新せ

しむるに至りぬ。今にしてその古を思へば慚汗淋漓《ざんかんりんり》たり。さはれ今是も亦昨非となることなからむや。思へばそら恐しき感に堪へざるなり。

明治四十年十二月三十日

下半部とは、主に句論（文論）の新展開を指している。見事に山田文法が樹立されたのである。現在も日本語を研究する者の必携の研究書として輝き続けている不滅の書と言っても決して言い過ぎではあるまい。その証拠に、今日の文法研究者の大半は孝雄のこの大著から研究を出発させているのである。後年、研究者のひとりが所蔵している『日本文法論』全に、次のような歌を揮毫した。

思ひ出づることこそ多きその昔おのが命をかけし此の書《ふみ》

孝雄は中学一年までの学歴である。英語やドイツ語をどのようにして独学独習したのであろうか。それにしてもこれらの外国語を正確に習得しているのにはただただ驚異の目を見張るばかりである。また、和漢混淆の文語体で記述しているのに対して、現代のわれわれは読みづらさを感じなくもないが、読み進めていくうちに、この文体に一種名状しがたい日本語の美しさを感得してしまうのである。

六　大学への道

孝雄の研究は日々広まりかつ深まっていった。『日本文法論』全で展開した文法体系に従って、『古事記』や『万葉集』等にみられる奈良時代の日本語の文法を帰納的に探求・記述した『奈良朝文法史』を大正二年（一九一三）五月に、『源氏物語』や『古今集』等にみられる平安時代の日本語の文法を帰納的に探求・記述した『平安朝文法史』を同年六月に、宝文館から出版した。日本文法を歴史的に研究するにはどの書も必携の書である。この二書を著した心構えと意義を『奈良朝文法史』の序論で、次のように述べている。

著者は曩《さき》に日本文法論にあらはして以て日本文法上の範疇を整理せり。之につぎて起るべき事業は歴史的文典なり。著者は実に日本歴史的文法の国語研究の上に重大なる価値あるを認め、之が著述の志あり。然れども事、実際に遭遇するに及びて、更に中間に他の者の存在すべき必要を感ずるに至れり。おもへば、今の世に急速に歴史的文典を編して疎漫なるものを以て人をあやまらんよりは退きて確実なる基礎を築くにしかざるなり。その基礎とは、すなはち、各時代に於ける記録にあらはれたる国語の帰納的の文典的記述にして、これによりて、大体甲の時代、乙の時代、各其の特徴ある語法を有することを見るべきなり。この特徴ある各時代の文典的記述ありて、始めて之を達観したる歴史的文典を望むべく、かくて又史前的比較文典も企て得らるべきなり。（中略）つらつら日本文法の変遷を概観するに、或は一時代にのみあらはれて前後になき語法あり。長時継続せるあり。倏忽《しゆくこつ》として出没せるあり。古代に栄えて今は失せたるあり。古代になくして近代にあらはれたるあり。古今に通じてかはらざるあり。これを観察して記載するは、即ち歴史的文典の職とするところなりとす。

孝雄は、大正九年（一九二〇）に日本大学の講師に就任した。この就任には上田萬年の推薦と香取秀真の進言に依るものであった。昭和二十九年一月、孝雄は香取氏の訃報を手にした。明治三十九年の上京の折、西も東も分からない田舎の青年教師の自分を温かく迎え入れた香取氏の尊顔が大きく眼前に浮かんできて、しばし落涙を止めることが出来なかった。孝雄は、香取氏の死を悼んで次のような挽歌を詠んでいる。

昭和二十九年一月卅一日、夜半十一時過急電あり、香取秀真氏の死を伝ふ　悲しみに堪へず

五十年を睦びし君におくれつつ八十年の我ひた泣きになく

孝雄は、教壇に立つ前に必ず講義ノートを作成した。それに基づいて、大正十一年（一九二二）二月に『日本文法講義』を、同年十一月に『日本口語法講義』を宝文館から出版した。前著の『日本文法講義』が世に出るやいなや、東京帝国大学上田萬年教授の研究室では、金田一京助・橋本進吉・筧五百里・時枝誠

記等錚々たる言語学者・国語学者が参加して、この書の輪読会が始められた。その時の様子を時枝誠記は、随想録『国語学への道』の中で、「私は、その時始めて書物を読むことの如何に厳しいものでなければならないかを知ったのである。」と述懐している。どのように厳しく解読されようとも微動だにもしない山田文法であるが、その当時、あの博士請求論文がこの研究室の片隅に放置されていたのではなかろうか。

大正十四年（一九二五）、東北帝国大学講師に迎えられ、それから二年後の昭和二年には同大学教授になった。昭和八年（一九三三）九月依頼退官するまでの在任期間中は、孝雄は指導者また学者として日本文法・万葉集・連歌等の講義を行い、また同大学の村岡典嗣・小宮豊隆・阿部次郎・太田正雄教授等との記紀歌謡の共同研究や芭蕉や西鶴などの俳諧に関する共同研究において常にリーダー格となって活躍した。

ところで、教授に昇進した時、大学当局は孝雄に学位の取得を勧めた。この進言に対して、孝雄は莞爾としてとっくの昔に論文を提出していると答えた。

このことを知った大学当局は早速に調べてみたところ、どうやらその論文は関東大震災によって灰燼に帰していることが分かった。文部省は、内々に論文の再提出を求め、ようやく昭和四年（一九二九）二月五日に、孝雄に文学博士の学位を授与した。

同年四月十日、東京上野精養軒で記念祝賀会が開かれた。学者諸氏や政界の知名人などざっと百数十名の人々が参列したとのことである。それにしても二十七年間の放置は長かったのではなかろうか。挨拶に立った孝雄は、滂沱と涙を流し、しばし言葉を発することが出来なかったと、その日参列した教え子の大田栄太郎氏は『山田孝雄想い出の記』の中で述懐している。

「先生、なんでおらっちゃを置いて行くがけ。」「先生、まめでおられや。」「先生…、先生…。」と泣き叫びながら校門の外に出ていつまでも見送ってくれた下村忠告尋常小学校の児童たちの姿、風の日雨の日雪の日には必ず神通橋のたもとで自分の帰りを待っていてくれた母の姿、土佐を去るにあたって二十年後の再会の時には頭を上げて自分の歩みを堂々と語り合おうと親友に誓って上京の途に就いた自分の姿等々が登壇の途端に、孝雄の脳裏に蘇ってきたのではなかろうか。
その日の東京日日新聞（現毎日新聞）の夕刊に、徳富蘇峰の署名入りの「学閥における無縁の者（山田孝雄君の事）」という祝詞が掲載された。その一部は次のようである。

君がこの地歩は、博士号の有無に関せず、学界挙げて、之を認識してゐる。此れは学界が君に向って偏愛の為ではない。君の篤学と其の造詣と、学界に於ける功績とは、余儀なく学界をして斯く認識せねばならぬまでに到らしめたのだ。（中略）山田孝雄君の如きは、官学にも私学にも、何れの学閥にも関係なく、所謂無縁の衆生の一人であった。而して遂に今日を見るに到りたるもの、独り君の為に賀するばかりではなく、是れ実に学界の快事である。一大快事である。

孝雄の長年の刻苦精励を確かに見据え、確かに理解し、確かに称えた祝詞といえよう。

七　学長となりて

東北帝国大学退官三年後の昭和十一年（一九三六）五月には、『日本文法学概論』を宝文館から出版した。『日本文法論』全は山田文法を樹立した書であるとするならば、この書は今までの大学での講義を踏まえて山田文法をさらに堅固な文法論とした書と言えよう。

昭和十二年（一九三七）には、教育審議会委員、文部省教学局参与に就任した。昭和十四年（一九三九）一月十四日には御講書始めの御儀において、孝雄は「古事記を奉る表」を講じた。翌十五年四月、孝雄は、神宮皇學館大學學長兼神宮皇學館館長に任命され、伊勢に移住した。神宮皇學館は官制の大学に昇進し、その初代の学長が孝雄なのである。ここで、その学長時代のエピソードを一つ紹介してみたい。昭和十八年度から大学の助手を務めていた西川順士氏が孝雄の三女今野さなへ氏に出した葉書の文章の一節である。

（略）大学でも、小卒の「給仕」という職の可愛らしい職員が五、六名居りましたが、授業が始まると暫くは仕事が無い、その間に学長室に呼ばれて「先生の講義」を受けていました。大体全科目のようでした。この人たちは二、三年の間に検定試験（通信、交通）などを受けて夫々就職しました。後に新しい皇學館大學の会計課長、新制高校の教諭になった人もいました。先生が篤学力行の方でしたので、この可愛い人たちにも魂を頒けて下さいました。傍らから見ていて感歎、思い出して又なつかしく存じます。（今野さなへ『晩年の父―回想の山田孝雄』）

この葉書に対して、今野さなへ氏は次のような感想を述べておられる。

伊勢市楠部町の西川さんのお葉書には、私も恐らく母も、兄や姉も知らなかった父の心が、一面がよく描かれている。多くのことを知っていた父、学ぶことが好きで楽しかったであろう父が、そのよろこびを少しでもその気持ちをもっている人に分かちたいと思ったのだろう。厳しい反面どこかに自分の持っている学問、知識などをよろこんで差し出そうとするやわらかい心がなければ大学の学長が、休み時間に給仕といわれていた今でいうなら事務員の少年たちを学長室に集めて、数学、国語、日本史、地理など殆ど全教科を二、三年かけて教え、高校修了程度に仕立てるということはなかなかできないだろう。（同書）

この頃の孝雄は、政府関係の委員を多く引き受けていて、その上全国各地で講演などもして多忙であったはずであるが、若者たちを教えるという仕事を励行したことは、孝雄の十代の苦学独習の振り返りによるものと思われてならない。孝雄は、昭和十九年（一九四四）五月には貴族院議員（勅選）に任命された。翌二十年八月終戦日の翌々日十七日には、國史編修院院長に任命され、同時に神宮皇學館大學學長兼神宮皇學館館長を退いた。この経緯に対して、大学内では「本学学長の職に永く留ると、戦犯として逮捕される虞があるという理由で、國史編修院院長として転出されたらしい。神道系の大学であったために廃学の運命にあったとはいえ、山田学長は陣頭に立って大学の存続をG・H・Qと交渉論議すべきであった。」という批判の声が聞かれるに至った。毀誉褒貶は人の世のならいとはいうものの、孝雄はこの事態に対して内心苦しんだ。後年、そのことを次のように述懐している。

(1)院長を辞退したが、文部省は山田を國史編修院の院長にするということを条件として内閣と交渉し、この院の設立が決まっていたこと。

(2)大学については，官制の存続が新たに決まるということで上京していろいろと交渉し、九月に入ってから官制公布ということを約束した。しかし、終戦と共に国中が混乱状態に陥り、全く意に沿わないものになっていってしまったこと。

(3)今更何を言っても甲斐の無いことであるが、こちらの事情も知ってほしく、とにもかくにも残念なことになってしまったこと。

この述懐に対して、とやかくは決して言えないが、当時の孝雄の心のうちを想像してみるに、学長をはじめ数々の要職に就き、心の深奥に活動的な独立独走の到達感が潜んでいたのではなかろうか。

なお、国立神宮皇學館大學は、ＧＨＱの国家神道廃止指令によって、昭和二十一年（一九四六）三月三十一日廃校となった。その後、吉田茂元首相を後援会長として新しい姿の皇學館大学開校の準備が進められた。昭和三十七年（一九六二）二月七日、文部省は、大学設置審議会と私大審議会の答申にもとづいて、私立皇學館大学の設置開校を認可した。総長には吉田茂、学長には平田貫一近江神宮宮司、教授陣には久保田収高野山大学教授（日本史）・澤瀉《おもだか》久孝京都大学名誉教授（国文学）等が内定された。同年四月、いよいよ私立皇学館大學が誕生出発した。泉下の孝雄は、この経緯を知ってさぞかし安堵の胸を撫で下ろしたことだろうと想像されてならない。

八　晩年の孝雄

昭和二十年（一九四五）十一月七日には國史編修院院長を依頼免官、翌二十一年五月十八日には貴族院議員を依頼免官となった。そして、同年八月二十一日「勅令第百九号ニ基キ同令第一条ノ覚書該当者ト決定ス」ということになって、公職追放の身になりすべての公職を失うことになった。それに続いて住まいの明け渡しを迫られて困り果て、孝雄は郷里の富山に戻ろうと考えた。しかし、当時の富山は戦禍からは十分に復興していなく、帰郷の実現は困難であると戸惑っていた折、東北帝国大学時代の同僚の阿部次郎氏が救いの手を差し伸べた。昭和二十四年（一九四九）九月、阿部氏は、那須の別荘を仙台市米ケ袋下丁三に移築し、孝雄を迎え入れた。

ところで、角川書店の店主（社長）角川源義氏が哲学者の阿部次郎氏に初めて手紙を書いたのは昭和二十二年（一九四七）頃であった。これを機に、翌二十三年十一月に『人格主義序説』、二十四年八月に『世界文化と日本文化』、二十五年三月に角川文庫大形判の『合本三太郎の日記』、同年九月に角川文庫大形判の『三太郎の日記補遺』、昭和二十八年（一九五三）九月に『点描日本文化』などの阿部次郎の著書が角川書店から矢継ぎ早に刊行された。翌二十九年六月には『財団法人阿部日本文化研究所』が設立され、角川氏はこの設立に積極的に賛同し援助を惜しまなかった。角川書店は、文庫・全書・叢書・新書などいろいろの判の書を世に出した。孝雄も阿部氏の勧めによって、昭和二十五年（一九五〇）九月に『日本文法学要論』を角川全書として出した。角川氏は、角川全書は大学の教科書としての出版物であると固く意図し、その第一号を孝雄に依頼したのである。実は、この出版人角川氏は孝雄と同じく越中の人である。

こうして孝雄は、広瀬川に近いこの住まいに親しみを覚え、日々落ち着いてきた。この様子を今野さなへ氏は、次のように述懐している。

父はその頃少しずつ雑誌に論文を書いたりもしていた。昔に比べたら微々たるものだとしても気持ちとしては次第に学究として落着いていった頃といえる。道路にむき出しだった庭にも板塀ができ小さな門も作られて、だんだん家らしくなっていき、昔の大学時代の教え子もたずねてきてくれるようになって、父は少し宛元気になっていったのだろう。

「やっぱり仙台にしてよかった」などと母と話している父の声が聞こえてくると、激しく活動的だった戦争中の父のことが嘘のようにも思えたり、伊勢という土地には何か神がかりの呪術があって、一家の上に暗雲をもたらしたのかなどと考えたりした。(『晩年の父―回想の山田孝雄』)

昭和二十六年（一九五一）八月、公職追放が解除された。孝雄は一年に一度の帰省を習わしとしていたので、翌二十七年の帰省は、特に晴れやかにしてかつ安らかな心持ちのもとで行われたのではなかろうか。その時の心境を次のように詠んでいる。

国めぐり山々見れば古里のこしの立山比《たぐひ》なきかな

昭和二十八年（一九五三）十一月、文化功労者として顕彰せられた。そして、昭和三十二年（一九五七）十一月三日、文化勲章を受けた。富山市では急遽市議会を開き、満場一致の決議をもって、孝雄を富山市名誉市民に推挙した。同月十七日、当時の富山市長富川保太郎氏・市議会議長浅地央《なかば》氏・日本大学での教え子の大田栄太郎氏の三氏が仙台の孝雄宅を訪ねて、富山市名誉市民の称号と記念品を贈呈した。この時の心境を次のように詠んでいる。

十一月十七日、富山市長富川保太郎氏、議長浅地央氏、随員一人、仙台

に来りて富山市名誉市民の称号と記念品を贈らる。よりて詠じて曰はく

山河を清みさやけみ白妙の雪のふる里なつかしきかな

一方、日本言語学会の機関誌『言語研究』（第三十二号・昭和三十二年十二月発行）は、「山田孝雄博士の文化勲章受章を賀す」の題の巻頭言を掲載している。ここにその一節を紹介してみたい。

（略）博士は、世にいわゆる国語学者として、最も学界に貢献するところが多い。すなわち、すでに明治四十一年「日本文法論」を上木して独自の文法体系を世に問い、それよりひきつゞいて、「奈良朝文法史」「平安朝文法史」「平家物語の語法」と、各時代の言語の記述に、先人未発の偉業をうちたてられた。また、漢学に造詣深く、漢字漢語ならびに漢文について、多くの研究あり、この方面をも考量して先人に擬するならば、たゞに本居宣長以来の学者であるのみならず、狩谷棭斎以来の学者でもあるというをうべく、その言説の他を圧し、周囲を曠くすること、博士のごときあるを我々は知らない。

博士は、もと、正規の学歴をふまず、刻苦精励、小学校教員より、次第に東北帝国大学教授に至り、のちさらに神宮皇学館大学学長、貴族院勅選議員、国史編修院院長の顕職に就き、つとに、かの敗戦以前において、功成り名遂げた学界の重鎮である。しかしながら、不撓の国粋の信念は、滔々たる新時世とあい容れず，爾来、閑地につき、ひたすら研究に沈潜するの生活を送って、はやくも十年の歳月を経た。しかるに、いまや機到って、ついに博士の文化勲章受章の報を我々は得たのである。

まことに一同欣びの情を禁じ得ない次第である。

翌三十三年八月、恒例の一年に一度の帰省で、次のような歌を詠んでいる。

八月十二日、詠、名誉市民といはれて

名なき民にて果てなむとねがひてし心たがひぬあはれ人の世

またこの時、母校の富山高等学校にも立ち寄り、「これからは NED や OED

にも匹敵する大型の国語辞典を息子たちと一緒に作りたい。」と、孝雄は力強く話したとのこと。しかし、病には勝てず、結腸癌で同年十一月二十日帰らぬ人となった。享年八十三。いや、孝雄は享年八十五と訂正するかもしれない。

九　「山田孝雄文庫」など

孝雄は、生涯を通して、書き下ろしの研究書は七十余冊、論文は三百余編を世に発表した。今、富山市立図書館には旧蔵本約一万八百点が収められて「山田孝雄文庫」として整理され、保管展示されている。例えば、本居宣長の『古事記伝』が揃っている。また『源氏物語』に関するものが三百点以上もあり、孝雄が著した『源氏物語の音楽』はもちろんのこと、江戸時代随一の注釈書である北村季吟の『源氏物語湖月抄』(六十巻)などが揃っている。また、洋書が約百七十点あり、目を見張るばかりである。独学独習で習得した外国語力を駆使して、これら英語・ドイツ語の言語学・文法・論理学等の洋書を解読する二十代後半の孝雄の、一心不乱の学びの姿が想像されてきてならないのである。

ここでどうしても力を込めて言いたいことは、山田文法は今日も輝いているということである。例えば、時枝誠記博士が提唱された言語過程説という言語理論もその下地に孝雄の文法論が確かに位置しているとみなせる。

また、過去の文法論として回顧するのではなく、現代においても生きている文法論として山田文法を踏まえた『日本の敬語論』『山田孝雄―共同体の国学の夢』『山田文法の現代的意義』『日本文法の系譜学』『国語学史の近代と現代』等々の二十一世紀の文法学者・言語学者の研究書にも注目したいものである。

富山市の呉羽山長慶寺境内の五百羅漢の隣りに山田孝雄・知《とも》夫妻のお墓があり、また、富山市役所松川側の中庭に自筆の歌碑（撰文は小宮豊隆氏による）

呉羽山長慶寺境内に建つ墓

が建っている。

百千度《ももちたび》く理《り》かへしても讀毎《よむごと》にこと新《あらた》なり古之典《いにしへのふみ》　孝雄

この歌からも、数々の文法研究書からも、「山田孝雄文庫」の膨大な旧蔵本からも、必ずうかがわれることは、孝雄はまさしく「生涯学びと究めを続けに続けた偉大な国語学者」であったということである。

第二章　孝雄と谷崎源氏

一　千年以上も輝き続ける『源氏物語』

平成二十年（二〇〇八）は、『源氏物語』千年紀に当たった。寛弘五年（一〇〇八）九月十一日に、一条天皇と中宮彰子《しょうし》との間に皇子が生まれた。この皇子の祖父に当たる藤原道長の喜びは大きかった。十一月一日に皇子の御五十日《いか》の祝いが盛大に催された。招かれた殿上人たちは大いに飲み歌い騒いだ。道長や彰子に仕えている女房たちは酔った殿上人たちから逃れるのに必死であった。藤原公《きん》任《とう》もその一人、酔った彼は彰子に仕える紫式部に向かって、「あなかしこ、このわたりに、わかむらさきやさぶらふ。（失礼ですが、このあたりに若紫がおりますか。）」と声を掛けた。この公任の言葉の中の「わかむらさき」は『源氏物語』の「若紫」の巻の中の紫の上を指すとともに、さして若くない紫式部その人をも指しているのである。この話は『紫式部日記』に依るものであるが、『源氏物語』が世に公表された最初の話と言われている。それから千年以上経った今でも、『源氏物語』は多くのファンを持ち続けている。しかし、愛読すると言っても、原文を直に読むのは至難の業である。読者の大半は現代語訳で読んで『源氏物語』を読んだつもりになっている。さらに最近では『源氏物語』の漫画本を愛読している読者も少なくないだろう。

二　現代語訳の主なもの

ところで、その訳の主なものとして、谷崎源氏、円地源氏、瀬戸内源氏を挙げたい。

「桐壺」の巻の書き出しの一文

いづれの御時にか、女御・更衣あまたさぶらひ給ひけるなかに、い

とやむごとなき際にはあらぬが、すぐれて時めき給ふありけり。（原文・日本古典文学体系本による）

＜注＞　○女御・更衣＝平安時代の天皇には何人ものお妃がいた。『源氏物語』では、女御は親王か大臣の家の出身であり、更衣は大納言以下の貴族の家の出身である。

いつ頃の御代のことであったか、女御や更衣が大勢祇候《しこう》してをられる中に、非常に高貴な家柄の出と云ふのではないが、すぐれてご寵愛を蒙っていらっしゃるお方があった。（昭和十四年版・谷崎源氏）

いつの御代のことであったか、女御更衣たちが数多く御所にあがっていられる中に、さして高貴な身分というわけではなくて、帝の御寵愛を一身に鐘めているひとがあった。（昭和四十七年版・円地源氏）

いつの御代のことでしたか、女御や更衣が賑々しくお仕えしておりました帝の後宮に、それほど高貴な家柄の御出身ではないのに、帝に誰

よりも愛されて、はなばなしく優遇されていらっしゃる更衣がありました。（平成八年版・瀬戸内源氏）

文末の「すぐれて時めき給ふありけり」の訳を見てみよう。瀬戸内源氏の「はなばなしく」は、更衣をはなやかにとらえ過ぎる感じがしなくもない。円地源氏の「ひとがあった」は、更衣を突き放してとらえているような感じがしなくもない。谷崎源氏の「お方があった」は、更衣の品位をそれとなく表している感じがしなくもない。とは言え、どれも力のこもった訳であり、早急に優劣などはつけられないが、やはり谷崎源氏は、自由奔放な意訳を避けて、登場人物の品位はもちろんのこと、原文の語の有する陰影や語句の醸し出す余情を懸命に把握して訳しているのではなかろうか。それには孝雄の援助があって生まれたものと思うが、身びいきが強すぎる読み方であろうか。

三　谷崎、『源氏物語』に着目

昭和に入ってから、日本文学は古典回帰に向かっており、谷崎もこの時代相に合わせるかのように、『盲目物語』『武州公秘話』『蘆刈』『春琴抄』など古典的雰囲気を多分に有する小説を発表してきた。谷崎のこのような古典への回帰を感得した中央公論社の嶋中雄作社長は、谷崎に古典の最高峰に位置する『源氏物語』の現代語訳を勧めた。昭和九年の年始めのころのことであった。谷崎は、同年二月十六日に嶋中社長に次のような書簡を送っている。

（前略）梗概でなく全訳といふことになれば全く文章上の技巧のみの問題になりますから此の点は大に自信があります、現代文を以て充分源氏の心持を出せるつもりです、発禁の恐れは断じてありません、さう云ふ場所は、原文と同程度の晦渋さを以て訳します、（或る場合には一層ボカしてしまひます、その方が却て色気が出ます）しかし御心配ならば訳者の意図を打明けて予め当局の諒解を得ておいたらばどうでせう、（たとへば空蟬のやうな、最も危険の多い所を先に訳して当局者に見せてもよろし）次ぎにお願ひしたいのは、大体の枚数が分った上で、冊数と装丁を小生に任して頂きたいのです、貴下の方で全体の定価を定めて下さればその範囲内に於いて考案だしますが如何でせうか。（下略）

かくして谷崎は『源氏物語』の現代語訳を承諾した。その際、誤訳のないようにするために、適当な校閲者を考えてくれるようにと出版部長の雨宮《あめのみや》庸蔵氏に要求した。中央公論社は、時代の風潮を考え、国体明徴的のにおいを持った人の方がいいと結論づけて、孝雄を最適任の校閲者に選んだ。ざっくばらんに言えば、この軟らかい文学と豊満な匂いの立つ訳文に対して当局の目をそらすのには、孝雄が最適の校閲者だと思ったからであろう。何はともあれ谷崎は承諾した。

四　孝雄、校閲の仕事を承諾

孝雄は、昭和九年（一九三四）十二月六日付で雨宮部長に次のような承諾の書簡を送った。

拝啓
　貴翰被披正に拝見仕候　御来示の件可然大事業と存上候が谷崎氏御尽力相成候事故十分信頼しうるものと相成可申事と存上候　右に付小生に御世話申上候様の御話微力果して御期待に副ひうるか如何顧みて覚束なき事に存せられ候へ共折角の御思召に御座候故御引受申上候ひてみむかと思ひ居候　右御返事まで申述候

拝啓
　貴翰ひらかれ正に拝見つかまつり候う　御来示の件然るべく大事業と存じ上げ候うが谷崎氏に御尽力相成り候うことゆえ十分信頼しうるものと相成り申すべき事と存じ上げ候う　右に付き小生に御世話申し上げ候う様の御話微力にて果たして御期待に副《そ》いうるか如何せん顧みて覚束なき事に存ぜられ候えども折角の御思召しに御座候うゆえ御引き受け申し上げ候らいてみんかと思いおり候う　右御返事まで申し述べ候う

恐々頓首

そして、雨宮氏は、翌年五月二十六日、谷崎と一緒に仙台の孝雄を訪ねた。まず校閲者の任を引き受けてもらったことに対して孝雄に感謝した。孝雄は即座に「谷崎さんの訳の校閲をすることを光栄とします。」と言った。二人はこの言葉に感激し、安堵の胸を撫で下ろした。二人はさらに「文法上の疑義や字句の解釈についての校閲をお願いしたいのであって、訳の文章表現については加筆してほしくない。」と恐る恐る申し出たところ、先生は「もちろんです。これは昭和源氏ともいうべきもので、源氏物語の講義でないばかりか、口語訳でもない。現代の小説の姿として源氏物語を再生することだと理解しています。その意味でお引き受けします。」と即答した。雨宮氏は、この谷崎の作成意図を読み取っての孝雄の答えに心の緊張もほぐれ、ひと言聞いて十を知る古色の老学者の洞察力に敬服するとともに、省みて忸怩《じくじ》たるものがあった、と述懐している。

その上で、孝雄は訳出するに当たって穏当ではない三か条を次のように明確に提示した。

⑴臣下たる者が皇后と密通していること。

⑵皇后と臣下との密通によって生まれた子が天皇の位に付いていること。

⑶臣下たる者が太上天皇に準ずる地位に登っていること。

したがって、これらの事柄が記述されている箇所は削除されるべきであるということになる。なお、孝雄は北村季吟の『湖月抄』を参考にするがよいことも教示した。

余談になるが、『The Tale of Genji』を著して、『源氏物語』を世界に知らしめたアーサー・ウェイリーも、金子元臣の『定本源氏物語新解』上・中・下巻と、北村季吟の『湖月抄』とを机上に置いて身辺の書にしていたことを、平成二十年（二〇〇八）十一月五日に放送されたＮＨＫの「源氏物語一千年の旅―二五〇〇枚の源氏絵―」で知った。

五　現代語訳という作業

いよいよ谷崎は、同年九月から『源氏物語』の現代語訳に取り掛かった。まず各巻を一通り訳した原稿を中央公論社に送った。中央公論社ではゲラ刷りを二部作成して、一部は谷崎へ、他の一部は孝雄へ送った。その孝雄の朱筆の入ったゲラ刷りは中央公論社へと送られ、さらに谷崎のもとへと送られた。

雨宮氏は、昭和十一年（一九三六）三月二十日付の孝雄の書簡と真っ赤に染まったゲラ刷りとを受け取った。

拝啓
　源氏物語桐壺巻だけ唯今御返し申上候一往拝見仕候処従来公にせられ候ものには比すべくもあらぬものにてこれが公にせられ候はゞ当分の間標準的のものとなるべき

拝啓
　『源氏物語』「桐壺」の巻だけ唯今御返し申し上げ候う　いちおう拝見仕まつり候うところ従来公にせられ候うものには比すべくもあらぬものにてこれが公にせられ候わば当分の間標準的のものとなる

事と被存候　それにつけても一層善かれかしと愚見腹蔵なく記入さし上候　右の内大部分は小生の見解に有之是非さうして戴かねばならぬといふ事にも御座なく候へどもとにかく思ひ候まゝ申上候事に御座候

　これらの点何卒谷崎様に御伝被下度願上候　帚木は唯今拝見中に有之候　すみ次第追々さし上申すべく候　何分最初の方が人のあらさがしも多かるべく注意を要することと一段と必要に有之候事と被存候　昔から桐壺と帚木とがむつかしく考へ来られ候帚木の方は筆が一層練れて見え候様唯今は感じ居候

　先は右御通知まで申述候

恐々頓首

べき事と存ぜられ候う　それにつけても一層善かれかしと愚見腹蔵なく記入さし上げ候う　右の内大部分は小生の見解にこれあり是非そうして戴かねばならぬという事にも御座なく候えどもとにかく思い候うまま申し上げ候う事に御座候う

　これらの点何卒《なにとぞ》谷崎様に御伝え下されたく願い上げ候う　「帚木《ははきぎ》」は唯今拝見中にこれあり候う　すみ次第追々さし上げ申すべく候う　何分最初の方が人のあらさがしも多かるべく注意を要することと一段と必要にこれあり候う事と存じ候う　昔から「桐壺」と「帚木」とがむつかしく考え来られ候う「帚木」の方は筆が一層練れて見え候う様唯今は感じおり候う

　まずは右御通知まで申し述べ候う

恐々頓首

孝雄は自信を持って懇切丁寧に校閲に当たるとともに、谷崎の訳文に対しては極めて高く評価していることがこの書簡からうかがわれる。それにしても雨宮氏は、真っ赤に書き込まれたゲラ刷りを手にして、孝雄を当局に対する単なるカモフラージュと思っていた一時逃れの考えが、いっぺんに吹き飛ばされたことであろう。谷崎は、孝雄の朱筆を随時参考にはしたけれども、訳を先へ先へと進めた。一通り訳が出そろった後に、谷崎は初めから見直し、孝雄の意見を十中八九までは取り入れたのである。谷崎は昭和十一年四月十一日付で孝雄に次のような書簡を送っている。

拝啓

とにもかくにも御挨拶申上べき筈之処　実は今春来次々病気に相成最後に流感を引添へました　漸く今朝より離床いたしました始末にて思はぬ失礼を致し申訳もありません

扨《さて》御加筆の校正刷はすべて入手、蓐中《じょくちゅう》にてしみじみ拝見、大変参考にもなり学問にもなり難有存ます　十中之八九までは御高見通りに訂正し、場所に依ては御迷惑でも再度見て頂くかも知れません　もともと先生を校閲者に仰ぐと云ふことは、単にお名前を貸して頂くと云ふつもりではありません　私としては傍から誤まりを指摘して下さる人がある方が、却って安心して、自由に筆を暢ばせると思った次第であります

右様之事情に付何卒今後も御遠慮なく御指摘下さるやうにお忙しいところを恐縮でありますが御願申します

乍末筆錦地の御寒さ如何に候哉　ことしは当地の花もまだ一向に咲揃はずつい此間も白いものがちらほらいたし候

おついでの節杢太郎氏小宮氏へ宜敷御伝被下度候　いまだ気分すぐれず乱筆御容赦願ます

谷崎の作業は、昭和十三年（一九三八）六月二十三日付の孝雄宛の次の書簡を見ると、着々とはかどっていることが分かる。

（前略）昨日「匂宮」の御校閲の分を中央公論より送って参りました、御忙

しきところを忝く存じます、出版すると致しましても月に数帖づつ二十冊ぐらゐに分けて、一年間程の間に予約出版する予定でありますから、何卒決して御無理をなさらずに、ゆっくり見て頂いて結構なのであります、殊に「匂宮」まで済んで居りますから少しも御急ぎになる必要はありません、大変御心配をかけて恐縮してをります

次に

「女三宮」は「ニョサンノミヤ」と読むとしまして、「女一宮」「女二宮」「女王宮」等の「女」も「ニョ」と読むべきでせうか、或は「ヲンナ」と読む方然るべきでせうか、或は例の女三宮に限り「ニョサンノミヤ」と読むのでせうか、右お伺ひ申上げ度、おついでの節御返事が頂ければ幸甚に存じます

六　「削レリ」と「削ル」

富山市立図書館の「山田孝雄文庫」には、金子元臣著『定本源氏物語新解』上・中・下巻（明治書院）があるが、もちろん孝雄の蔵書であった三冊である。谷崎

の原稿のゲラ刷りを校正する際に、手元に置いて参考にした書である。所々のページの上辺の欄外に「削レリ」「削ル」等の朱書きが施されている。この書き込みに関して、西尾厚志氏は次のように解しておられる。

山田による「書き入れ」、その意味するところの可能性としてはふたつある。ひとつは第一稿の時点で、谷崎によって予め削除された箇所を山田が『定本源氏物語新解』にあとから書き込んだ場合、もうひとつは山田が不穏当であると思う箇所を確認の意味でさきに書き込んだ場合である。

つまり、山田が「賢木」までの原稿を入手する度に、谷崎の手による削除箇所を順次確認し「削レリ」と記入、そしてまだその時点で原稿を手にしていない先の箇所に関しては、自身の思想を反映するようにして、「削ル」と書き込みをしたのだと考えることが出来る。（講座源氏物語研究・第六巻『近代文学における源氏物語』所収・西尾厚志「灰を寄せ集める—山田孝雄と谷崎潤一郎訳「源氏物語」—」から）

『定本源氏物語新解』を見てみると、「若紫」の巻の「源氏と藤壺との密会そして妊娠」、「紅葉賀」の巻の「藤壺の皇子出産実は源氏の子」、「賢木」の巻の「源氏再び藤壺に接近」などの箇所は大幅に削レリとなっている。また、「薄雲」の巻の「多年藤壺に仕えていた僧都の密奏からわが出生の秘事を知る冷泉帝の動揺」の箇所などは削ルとなっている。特に前二者は孝雄の示した訳出不穏当な条件の(1)と(2)に相当するものであり、孝雄は、「賢木」の巻までのゲラ刷りに基づいて、『定本源氏物語新解』に削レリと書き込んだ。したがって、これらの削レリの箇所は谷崎が孝雄の示した条件に従って、現代語訳を行う前の段階で削除したものということになるだろう。ところが、「須磨」の巻以降の書き込みは、「削ル」「削」または原文への囲みの書き込みのみとなり、「若菜下」の巻では四箇所の囲みの書き込みだけで、朱書きが終わっている。その一は冷泉帝の退位に対しての源氏の思いを述べた箇所、その二は正妻の女二宮に親しく打ち解けることが出来ない柏木は源氏の妻の女三宮を愛してしまった罪の意識に慄く箇所、その三は自分の密通を父の故桐壺院が知っていたのではなかろうかと源氏は改めて振り返る箇所、その四は娘の明石女御のあまりの柔和な物腰に男がつい迷ってしまうのではなかろうかと源氏が心配する箇所、どの箇所も源氏の罪意識にも似た心の内の震えが感得され、孝雄はその源氏の心の迷いを正すためにもこれらの箇所を削らなければならないと思ったのだろうか。
ところで、昭和十四年（一九三九）八月二十三日付の谷崎の孝雄宛の書簡で、削除を求める三番目の条件「太上大臣に準ずる」について、谷崎は自分の意見を細かく述べて孝雄の考えを求めている。ここに紹介してみたい。

拝啓
其後引続き御校閲有難く存じます、酷暑之折柄且種々御繁忙中にも不拘斯く再三御目通し被下候事私としては実に望外の喜びにて深く御礼申上げます
さて藤裏葉の例の省略のところ第一稿にては御指示に従ひ原文の「太上天皇になずらふる云々」以下「御歎きぐさなりける」までを削り「院に準ずる御待遇を賜はって御封が加はり、年官年爵などを下し置かれる」と改め直ぐ「内大臣は太政大臣にお昇りになったが」と云ふ風につゞけましたが　これにてもなほ「院に準ずる」と云ふ句或は問題になりはせずやと不安を感じて居ります

つきましては此の句の意味をもっと和げるか曖昧なものにして、単に源氏が太政大臣以上の者になったと云ふこと、乃至は太政大臣を罷めて引退したと云ふやうなことにでもする方法はございますまいか

目下此の句につき内務省の意見も問合せ中でありますが　官庁の方はパスしたとしましても　世間の問題になりさうなことは矢張予防するに如かずと存ずる次第であります

あまり神経過敏であると云ふ御笑ひもございませうが　私としては兎に角無事に刊行を完うすることを第一に考へてをりますので　重ねて御高教を仰ぐことにいたしました何分の御考を御洩し下されば幸甚に存じます

この書簡は、「藤裏葉」の巻の次の箇所に相当するものである。

あけむ年、四十になり給へれば、御賀のことを、おほやけよりはじめたてまつりて、大きなる世のいそぎなり。その秋、太上天皇になずらふる御位得たまうて、御封くはゝり、官《つかさ》・爵《かうぶけ》などみな添ひ給ふ。かゝらでも世の御心に

かなはぬことなければど、なほ珍しかりける昔の例をあらためで、院司どもなどなり、さま殊にいつくしうなり添ひたまへば、内裏に参り給ふべきことかたかるべきをぞ、かつはおぼしける。かくても、なほ飽かず、みかどはおぼして、世の中をはゞかりて、位をえ譲りきこえぬことなん、朝夕の御嘆きぐさなりける。（日本古典文学大系本による）

来年は四十におなりなされますので、その御賀のことで、朝廷を始め参らせて、世を挙《こぞ》っての大層な準備なのです。その年の秋には、太上天皇に准ずる御位を得給うて、御封が加はり、年官年爵などが皆お添いになります。それほどにしないでも、世の中のことはお心のまゝなのですが、矢張時にはないことでもなかった昔の例をそのまゝに、院司などが任命され、一層重々しい御身分になられましたので、これからは参内なさいますことも手軽には行かないであろうことを、お案じになるのでした。帝はこれでもなお不十分に思し召され、世間を憚って位をお譲り申すことが出来ないのを、朝夕お嘆きになっていらっしゃいました。（『潤一郎譯源氏物語』巻四　新書版・昭和三十五年）

＜注＞○御賀＝源氏四十歳の祝宴。　○なずらふ＝同列に並ぶ。準ずる。　○院司＝上皇などの御所の職員の総称。　○世の中をはゞかりて＝世間に源氏が帝の実父であるという秘密が知られる事をおそれて。

なお、国史大辞典は「太上天皇」を次のように説明している。

だじょうてんのう　太上天皇　譲位した天皇の称。「だいじょうてんのう」とも訓む。略して上皇あるいは太皇ともいい、また御在所を意味する院の称も用いられ、さらにその御在所を神仙の居所に擬して仙院・仙洞・藐姑射《はこや》の山《やま》・茨山《しざん》などとも称された。太上天皇の称は中国の太上皇または太上皇帝に由来するが、大宝儀制令において「譲位帝所称」と規定され、譲位した天皇は自動的に太上天皇と称されることになった。

ところが、谷崎のこの用意周到な配慮に対して、孝雄は『定本源氏物語新解』の「藤裏葉」には、削ルの書き込みをしていない。この点について、西尾氏は次のように説いている。

山田にとっての重要事は、すなわち〈本義〉に抵触しないことであって、「太上天皇になずらふる」という表現であろうが、「院に準ずる」という表現であろうが、それが〈准ずる〉という留保を伴う限り問題とはなりえなかったはずである。そうだとすると、従来言われてきた山田が提示したという三か条〈一、光源氏と藤壺の密通〉、〈二、冷泉帝の即位〉、〈三、光源氏の準太上天皇への着位〉のうちのひとつは山田の発想ではないことになる。

なるほどと西尾氏の説に与《くみ》したい。〈一〉も〈二〉も天皇の尊厳を蔑《ないがし》ろにする極めて大きな障害物である。それらに比して、〈三〉はどうであろうか。むしろ天皇の尊厳を知らしめる行為とみなせないだろうか。孝雄はこの点を考慮して書き込みをしなかったものと思いたい。

七　いよいよ出版

孝雄の懇切にして厳正な手助けによって、谷崎の現代語訳が着々と進み、昭和十四年（一九三九）一月から昭和十六年七月までの間に、『潤一郎訳源氏物語』全二十六巻が刊行された。時節柄日々厳しくなっていく折とはいえ、なんと十七、八万部も売れたとのことである。

当時の国の体制が与える圧迫感から一時的にも逃れたいという国民の心の姿勢を感じてならない。ところで、谷崎は、第一巻の序文で次のように述べている。

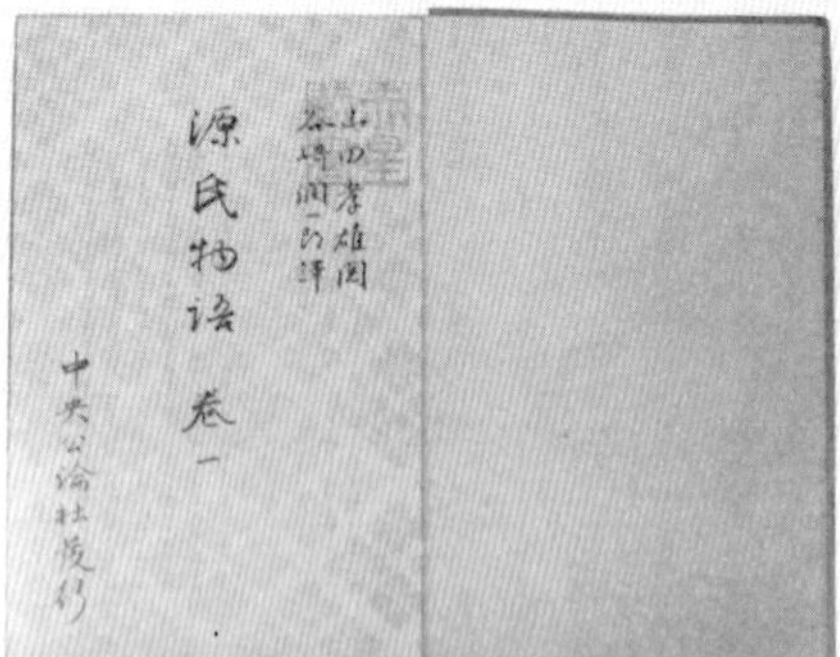

『潤一郎訳　源氏物語・巻一』
（中央公論社・初版本）

此の仕事は嶋中社長の庇護と鞭撻の中から生まれたやうなものであるが、

一面山田博士の懇切な指導に負ふところが甚だ少くないことを感ずる。私が博士のお宅へお願ひに上ったのは、博士の名前を看板にお借りしたいからではなく、実際に叱正の筆を執って頂きたいからであったが、博士は私が予期した以上に、十二分のことをして下すった。その校閲は頗る厳密丁寧を極め、単に誤訳を訂正して下さるばかりでなく、文章上の技巧、表現の仕方等にまで周到な注意を与へられ、往々にして校正刷が真赤になったくらゐであったが、これが私をどのやうに力づけてくれたか知れない。此の書がどれほど原作の味はひに肉薄し得たかは、大方の批判に待つとして、博士の援助がなかったらば、今あるやうな程度のものにも成し得なかったことは確かである。

八　新しい時代になって

昭和二十年（一九四五）八月十五日から一月も経たない九月三日に、谷崎は岡山県真庭郡勝山町新町の家から孝雄に次のような書簡を出している。なお神宮皇學館大学宛に出されたが、孝雄は既に大学を去り宇治山田市吹上町三八九番地の住宅に住んでいたので、この書簡はこの住宅に転送されて来たものである。

（前略）次に私事は数年前より上中下三巻の長編小説を計画起稿いたし候処やがて戦争と相成候へ共　創作こそ自己の天職と存じ　世の騒ぎを彼方此方に避け閑散之地を求めつゝ辛うじて執筆を継続漸く此程上巻と中巻とを脱稿仕候　即ち只今仮寓いたし居候処は表記の如く作州の山間の町にて昨春以来こゝが三度目の疎開地に御座候　尤も阪神魚崎町の麁宅は留守番を残し置候ところ　不幸にして戦争終結之約十日前に至りて罹災仕候それにつき茲に御詫申上度は　往年御校閲を賜り候源氏物語の校正刷り初校以下

（前略）次に私事《わたくしごと》は数年前より上中下三巻の長編小説を計画起稿いたし候うところやがて戦争と相成り候えども　創作こそ自己の天職と存じ　世の騒ぎを彼方此方《かなたこなた》に避け　閑散の地を求めつつ辛うじて執筆を継続　漸くこの程上巻と中巻とを脱稿仕《つかまつ》り候う　即ち只今仮寓いたしおり候うところは表記の如く作州の山間の町にて昨春以来ここが三度目の疎開地に御座候う　尤《もっと》も阪神魚崎町の麁宅《そたく》は留守番を残しおき候うところ　不幸にして戦争終結の約十日前に至りて罹災《りさい》仕り候う　それにつき茲《ここ》に御詫び申し上げたきは　往年御校閲を賜り候う『源氏物語』の校正刷

全部を行李二個に収め保管致置候処その折他の家財道具諸共悉皆焼かれ申候　実はその数日前いよいよあの辺も危険と存じ此方へ荷物を取寄せ度当地より人を遣し候て態々地下壕より什器書類等を取出して折角荷造り仕り積出すばかりに被置候ところへ空襲有之而も拙宅へ焼夷爆弾が直接落下のうへ四五十個に炸裂致候由にて一、二分の間に家屋も何も烏有に帰し申候（これは八月六日午前零時半の事に候）　右様の始末にて何一つ取出す暇も無之わけてもかの校正刷は私に取り貴重なる記念品たるのみならず将来麁稿に改訂等をこゝろむる場合何よりの参考と相成るべく存じ大切に秘蔵いたし居候も

り初校以下全部を行李《こうり》二個に収め保管致しおき候うところその折他の家財道具諸共《もろとも》ことごとく皆焼かれ申し候う　実はその数日前いよいよあの辺も危険と存じ此方《こなた》へ荷物を取り寄せたく当地より人を遣わし候らいて態々《わざわざ》地下壕より什器《じゅうき》書類等を取り出して折角荷造り仕り積み出すばかりに置かれ候うところへ空襲これあり而《しか》も拙宅へ焼《しょう》夷《い》爆弾が直接落下のうえ四、五十個に炸裂致し候うよしにて一、二分の間に家屋も何も烏有《うゆう》に帰し申し候う（これは八月六日午前零時半の事に候う）　右様の始末にて何一つ取り出す暇もこれなくわけてもかの校正刷りは私に取り貴重なる記念品たるのみならず将来麁《そ》稿《こう》に改訂等をこころむる場合何よりの参考と相成るべく存じ大切に

のにてこれを失ひ候事は先生に対し申訳無之は勿論私としても遺憾此上もなき事に候いづれ来年は阪神地方へ移り住度その節は是非拝趨仕り親しく御詫申上べく候へ共　先づは取あへず書中を以て御寛恕願奉候

　猶、時局一変に際し今後邦家の先生に俟つところ益々多きものあらんと存じ候

　何卒御自愛専一に被遊候やう願上候

早々

秘蔵いたしおり候うものにてこれを失い候う事は先生に対し申し訳なくこれは勿論私としても遺憾この上もなき事に候ういずれ来年は阪神地方へ移り住みたくその節は是非拝趨《はいすう》仕り親しく御詫び申し上ぐべく候えども　まずは取りあえず書中を以て御寛恕《ごかんじょ》願い奉り候う

　なお、時局一変に際し今後邦家《ほうか》の先生に俟《ま》つところ益々多きものあらんと存じ候う

　何卒《なにとぞ》御自愛専一に遊ばされ候うよう願い上げ候う

早々

　時局柄、削除したり朦朧とした筆致を用いたりしなければならなかったが、谷崎は原文の品格や色合いや匂いなどを失うことなく、現代の小説として『源氏物語』を再生するように懸命に現代語訳に努めた。だからこそ二十六巻の谷崎源氏が世の人に熱烈に受け入れられたのである。だが、いつかは完璧な現代

語訳の谷崎源氏を世に送り出したいという思いも谷崎の心から去ることがなかったのであろう。表現の削除などという忌まわしい作業をしなくてもよい新時代となり、谷崎は何はともあれ完全な谷崎源氏を実現したいと思った。それには孝雄の援助がまた必要になると思ったのであろう。しかし、孝雄の朱筆の入ったゲラ刷りを戦火によって焼失してしまった。それにはまず謝ることが第一である。こういった谷崎の心境が右の書簡から感得されてならない。そして、谷崎は、昭和二十四年(一九四九)六月に、先生を訪ねて再び校閲を依頼した。

九　新しい現代語訳について

いよいよ谷崎は、新しい現代語訳に着手することになったが、前回の訳業の時より体力が衰えてきていること、また中央公論社の要請に従って短時日で刊行を終えなければならないということから、助手の力を借りたいと思って新村出博士に相談した。博士の推薦によって、新進気鋭の国語国文学者の玉上琢弥《たまがみたくや》・榎克朗《えのきかつろう》・宮地裕《みやじゆたか》の三氏の協力を得ることにした。そして、昭和二十六年(一九五一)

五月から同二十九年十二月までの間に、『潤一郎新譯源氏物語』（全十巻・別巻二巻）が刊行された。

この新譯が行われている途次、玉上氏は旧訳の中で気になる箇所をいくつかを挙げ、できれば訂正したいと谷崎に進言した。中でも、⑴桐壺の巻の「隙なき御前わたり」は帝の行為なのではないか、⑵手習の巻の浮舟投身のくだりのもののけは誰の霊か、の二点については是非とも訂正したいと谷崎に申し出た。谷崎は、「自分からは訂正は申しにくい。君が先生を訪ねて訂正を申してみるがよかろう。」と返答した。

ここで、⑴について見てみよう。

御局は桐壺なり。あまたの御方々を過ぎさせ給ひつゝ、ひまなき御前渡りに、人の御心をつくし給ふも、げにことわりと見えたり。まう上り給ふにも、あまりうちしきる折々は、打橋・渡殿こゝかしこの道にあやしきわざをしつゝ、御送り迎へ人の衣の裾堪へがたう、まさなきことゞもあり。（日本古典文大系本による）

〈注〉 ○打橋＝殿舎と殿舎とに臨時にかけ渡してある橋。 ○渡殿＝殿舎から殿舎へ渡る廊下。 ○あやしきわざ＝汚物をまき散らすことまたは衣の裾がひっかかる仕掛けをすること。 ※過ぎさせ給ひつゝ＝「させ」は尊敬の助動詞「さす」の連用形。「給ひ」は尊敬の意の補助動詞「給ふ」の連用形。「させ給ひ」は二重尊敬表現。

更衣のお部屋は、清涼殿からは遠く隔ってゐる桐壺なので、お上りになるには、是非共人勢のおん方々の局々の前をお通りにならねばならない。されば、かうしきりなしにお召しがあっては、朋輩方が忌ま忌ましうお思ひになるのも尤もであったが、さう云ふ中を出仕なさるにも、それがあまりに度重なる折には、打橋だの、渡殿だの、此処彼処の道だのに、怪しからぬことが仕掛けてあって、送り迎へをする人々の着物の裾が台なしにされて、始末に悪いことなどもある。（『潤一郎訳源氏物語』巻一・昭和十四年）

玉上氏は、右の原文の中の「過ぎさせ給ひつゝ」の主語について、次のように考察している。

では、帝と見るのと更衣と見るのとどちらがよいであろうか。『源氏物語』の地の文における敬語使用法を調査すると、「せさせたまふ」は帝・后・東宮・院（上皇）に用いられ、女御・更衣にはたえて用いられていない。物語の主人公光源氏といえども、政権掌握後に使われる程である。「あまたの御方々をすぎさせたまひて」を帝と見れは、「まうのぼりたまふにも」は更衣のこととなり、対句めいて叙述に生彩を感ずる。両者とも更衣のことと見て重複感を生ずるのとくらべれば、優劣は明らかである。（中略）

谷崎源氏のお手伝をしていた時のことである。旧訳では、この「すぎさせたまひ」の主語を更衣として訳してあったが、新訳の初稿は帝にあらためてあったので、わたくしは何も書きこまずにお返しした。ところが本になったのを見ると、更衣が主語になっている。驚いて谷崎氏にただすと、初稿に対して山田孝雄博士から、「帝が後宮に渡御あると考えるのは後世の考え方であって、昔はそんなことはなかった。旧訳に戻すように」という趣を大変強い言葉で言って来られたので、改めた、とのことであった。のち、改正版が出るに際し、この箇所の訂正を進言すると、山田博士の同意があれば訂正するが、自分からは申しにくい、とのことであったので、わたくしが仙台に博士を訪い、上述のように敬語のつかいざまと平安時代の実例とを挙げて、ようやく博士の同意を得たことであった。（『源氏物語入門』一九五〜一九六ページ）

一時間以上も論争が続いたらしいが、孝雄は新しい研究を無視するようなかたくなな態度は取らず、結局は玉上氏の意見を受け入れ納得したとのこと。「源氏物語を誰に憚ることなく読むことが出来、かつ研究することが出来る時代になったのだなあ。」と、孝雄はしみじみと今までの自分の『源氏物語』への取り組みを振り返ったのではなかろうか。一方、玉上氏は成功感を持つとともに現在の自分の『源氏物語』の研究をさらに強めたいと心に誓ったのではなかろうか。昭和三十四年（一九五九）新書版の『潤一郎譯源氏物語』巻一では、次のように見事に改訳されている。

更衣のお局は桐壺なのです。されば、お上がお通ひになりますには、是非とも数多の局々の前をお通りにならねばなりませぬが、それがかうしきりなしでは、朋輩方が忌ま忌ましくお思ひになるのも、まことに尤もと申さねばなりませぬ。また更衣がお上りになりますにも、あまり度重なる折々には、打橋だの、渡殿だの、此処彼処の道だのに、怪しからぬことが仕掛けてあって、送り迎へをする人々の着物の裾が台なしになって、始末に悪いことなどもあります。

原文は三文から成っている。旧訳は二文から成っている。右の新訳は原文に従って三文から成っている。また、新訳では「過ぎさせたまひつゝ」の主語はお上、「まう上りたまふにも」の主語は更衣と、それぞれ具体的に示してあって、文脈の流れがより明確になっている。その上、丁寧体の叙述になっているのは、これぞ谷崎源氏だという香りが漂い、谷崎の一層の筆の冴えを感得してならない。

谷崎潤一郎

十　やはり山田先生を

谷崎は、『潤一郎新譯源氏物語』巻一の序文の中で、旧訳については、次のように述懐している。

> 私は前に旧訳の文章を拙劣であると云ったけれども、敢て正直のことを云はして貰ふなら、あれでもあの時としては私の力の及ぶ限りのことをしたので、今読み返して見ても、あの出来栄えをさう不満足には感じないのである。(中略)而も私は、苟くも原文の色、匂、品位、含蓄等を伝へようとする文学的翻訳であるからには、私の選んだあの文体に勝る文体はあり得ないものと、心中自負してゐたのであった。

右の言葉から谷崎の訳者として小説家としての大いなる読解力と表現力が感得され、あらためて谷崎源氏を手に取って読んでみたくなるのである。

また、新しい訳を成し遂げた谷崎は、その心境を「中央公論」昭和二十九年十一月号に掲載している。

（前略）書き始めたのは昭和二十六年の三月であったから、足かけ四年を費したことになる。二ヶ年くらゐで出来るつもりであったのが案外長くかゝったのは、途中で高血圧症になったり脳溢血になりかゝったりしたためであるが、しかし私は病気中も殆ど常に少しづゝ書き続けてゐた。読者諸君に対しては、こんなに遅れたのは甚だ申訳がないが、私としては闘病生活を送りつゝもどうやら脱稿することが出来た喜びで一杯である。

此の新譯はどんなに控へ目に考へても、種々の点で旧譯よりは数等優れた出来栄えであると己惚れてゐるけれども、自分が第一巻の「新譯序」に書いた「三つの原則」が果してどの程度に達せられてゐるかは、読者諸君の判断に任せたい。自分はさしあたり、たゞたゞ完成の嬉しさに浸ってゐるばかりである。

それにつけても、今回も亦非常に懇切な注意を与へて下すった山田博士や、地模様を描いて下すった前田青邨画伯や、原文の解釈に数々の助力を惜しまれなかった玉上氏以下の三氏やに、重ねて厚くお礼を申し述べる次第である。
○「三つの原則」　一、文章の構造をもっと原文に近づけること。　二、今度は一層実際に口でしゃべる言葉に近づけること。　三、今度は敬語の数を適当に加減すること。

谷崎は、今回もまた特記して孝雄に感謝の意を表している。一方、孝雄は今回もまた谷崎の訳業は現代の小説として『源氏物語』を再生することであるという一線を厳守して、謙虚にして厳格な態度で最後まで懇切丁寧に校閲の仕事を行ったのである。孝雄は昭和三十三年十一月二十日に亡くなった。享年八十三。その時、谷崎は、次のような追悼の言葉を捧げている。

先生が粛然と襟を正して訳業に当たっての三ケ条を申し渡された時の態度は、いかにも古への平田篤胤などに見るやうな国士の風があったことを、今も忘れることは出来ない。それにつけてもあゝ云ふむづかしい時代に、兎にも角にも問題の多い古典の翻訳を無事に仕遂げることが出来たのは、全く背後に先生が控へてゐて下すったお蔭であると思ってゐる。

先生には随分敵も多かったやうだ。戦争中、先生を以て極端な右翼の徒と同一に見、ひそかに非難する声も折々聞えた。しかし戦争後、私が前に削除した三つの条件を生かして、新たに完全な源氏の翻訳を企てた時にも、先生は快く校閲に当って下すった。これは先生が私に対して並々ならぬ好意を持ってゐて下さる証拠であると思って深く感謝してゐるが、又先生がよく時勢の変化を理解されてゐたからで、頑迷固陋な似非愛国者似非国粋主義者でないことを示す所以であると思ふ。

こゝに追憶の一端を記して先生の徳を偲ぶ次第である。

この学者ありてこの文豪あり——このふたりの大人は、生涯、確固たる信頼と尊敬の念を固く保持して、それこそ『源氏物語』を通して、固く結ばれていたものと確信したい。

【谷崎源氏の刊行歴】

◎『潤一郎訳源氏物語』（昭和十四年から同十六年まで）全二十六巻

◎『潤一郎新譯源氏物語』（昭和二十六年五月から同二十九年十二月まで）全十巻・別巻二巻

○『潤一郎新譯源氏物語』（昭和三十年十月）愛蔵本・全五巻

○『潤一郎新譯源氏物語』（昭和三十一年五月から十一月まで）普及版・全六巻

○『潤一郎譯源氏物語』（昭和三十四年九月から翌年五月まで）新書版・全八巻

○『谷崎潤一郎訳源氏物語』（昭和三十六年十月から翌年四月まで）愛蔵版・全五巻・別巻一巻

◎『谷崎潤一郎新々訳源氏物語』（昭和三十九年十一月から翌年四月まで）全十巻・別巻一巻

第三章　孝雄と連歌

一　連歌を受け継ぐ

孝雄は、連歌を幼年時代から厳父山田方雄《まさお》から学んだ。この経緯について『連歌概説』（一八一ページ）の中で、次のように述べている。

私の郷里は越中富山ですが、旧富山藩に二百年来伝った連歌がありまして、藩の事業としてやって居ったのでありますが、藩士の中から宗匠を出して伝へて来たのでありまして、最後に私の父がやって居りました。父が亡くなる前に日本の連歌は俺が死ねば亡びるといはれたので私は連歌を稽古する事になりました。本当に連歌に熟達するには二十年位稽古しなければ出来ないといはれてゐるのであります。連歌といふものを御話するには、だからどうしても一年位つづけて御話しないと分らぬといふ訳になるのであります。

また、息子の山田忠雄は、連歌に関して祖父や父との関係を、次のように述べている。（『壽藏録』三六四～三六五ページ）

方雄は旧藩時代打毬《だきゅう》の名手としてしられる一方、連歌の宗匠として子弟の教授にあたってゐた。封建制度解体後は、若干の神社の神官をつとめることにより、すくなからぬ家族のくちをからうじてのりしてゐたが、春秋の筆法をもってするならば、その家計困窮は孝雄をして発奮せしめ、他日国語国文学界に雄飛せしめる好材料とはなった（兄妹すべてのめんどうをおやがはりにみたので、孝雄は晩婚となったのである）。

孝雄は休暇で帰郷のたびごとに方雄はじめ有志とともに連歌会をもよほし、わづかに伝統をほそぼそとつたへ、ときいたって仙台に赴任するや、機をみて斯道における後継者を養成すべく、生涯にわたって連歌会をもよほしつづけた。その実績の概要が以上、といふ次第である。

しかく孝雄の連歌歴はふるい（まったくの憶測ではあるが、少年時代いな幼年時代にまでさかのぼるものかとおもふ）。その連歌活動はおほくの日本人の和歌・俳句に関するたしなみ以上に自覚的であったやうにおもふ。それは約言するならば、ひけしの精神にささへられてゐるものといって過言ではない。

他がかへりみぬところを夫子自身たってあるいはほりいだしあるいはほりさげ、あるいは研究しあるいは実践を通じてこれが普及をはかり、その価値を顕彰するを、勝義においてひけしといふ。山田孝雄の連歌活動における、日本語文法の研究における、漢文訓読法の研究における、ひいては古典の注釈、国体の明徴における、いづれもこの意味でのひけしならぬはない。山田孝雄のいきざまをつらぬく理念としてかかる意味でのひけしが底流する事実をしるはきはめて重要なことである。

忠雄は、父の大きなる才能と幅広い活動を堅実に把握するとともに、父への尊敬の念を心内に堅持しているのが感得されてならない。孝雄は、一家の生計を助けることを幼年時から決意し、それを好学の志によって実現したいと思ったことが右の忠雄の文章からうかがわれてならない。父方雄から受け継いだ連歌に励んだのもこの生きざまに基づくものであると言いたい。

二　東北帝国大学に赴任してから

大正十四年（一九二五）、孝雄五十歳の時、東北帝国大学に赴任した。翌年大正十五年から二学年度にわたって、連歌の概説と連歌史とを講義した。「されど連歌は講説にてその真味領得せらるべきものにあらざれば鞾《くつ》を隔て、痒《かゆ》きを掻くに似たるものなり」といった歯がゆい思いをしながら講義をしていた。この孝雄の思いに同調するかのように、学生たちは実地に学ぶことを希望した。しかし、孝雄は容易にこの希望を受け入れなかった。「連歌の道は講義を聞きて之を記すを能事とするが如き人々には到底堪へ得べきものにあらず、言語と思想とを練りに練り、鍛へに鍛へずしては入り得べきにあらずして薄志弱行の徒とは縁なき道なるが故なり」として、容易には連歌実作の稽古を実現しなかった。だが、実作稽古の希望の声が次第に大きくなり、昭和七年（一九三二）十一月から稽古連歌の会が催されるに至った。その成果が『連歌青葉集』として昭和十六年（一九四一）一月に畝傍書房から出版された。百韻二十一巻、五十韻五巻、世吉《よよし》十一巻、一折《ひとおり》一巻、千句一巻が収められている。作者は三十一名。中でも千句一巻は、連歌上の高弟星加宗一の独吟である。

三　『連歌青葉集』から

さて、この連歌集の中の世吉連歌「賦何衣連歌（なにころもをふするのれんが）」という賦物《ふしもの》を鑑賞してみたい。世吉とは、四十四句から成る連歌・連句の様式で、死を連想させる四の字を嫌って、「世吉（よよし）」と表したものである。懐紙は二枚で、初折表八句・初折裏十四句・名残の折表十四句・名残の折裏八句という構成である。賦物とは、その巻の題名のように示されたものをいう。発句の「花おそし月のまたるゝまとゐ哉」の「花」が「賦何衣連歌」という題の「何」に相当し、この賦物は「賦花衣連歌（はなごろもをふするのれんが)」という題に定められることになる。なお、何が上にあるのを上賦(じょうふ・うわぶし)といい、何が下にあるのを下賦(かふ・したぶし)という。

さて、この連歌の一座の参加者は、宗匠が孝雄、連衆が阿部次郎・小宮豊隆・太田正雄の四名。この賦物は、昭和九年(一九三四)四月八日、仙台の広瀬川河畔にある向山の料亭東陽館で巻かれた。まず参加者を紹介しよう。

山田孝雄　五十九歳。前年の八年九月東北大学を退官。国宝保存会委員。日本学術振興会委員。

阿部次郎　五十一歳。東北大学教授。哲学者。主著『三太郎の日記』(大正三年刊)。

小宮豊隆　五十歳。東北大学教授。独文学者。主著『亨楽主義の芸術』(大正三年刊)。

太田正雄　四十九歳。東北大学教授。医学者。詩人・劇作家・小説家。本名は太田正雄。文学者としての号は木下杢太郎。戯曲集『和泉屋染物店』(明治四十四年刊)。小説集『唐草草紙』(大正四年刊)。詩集『食後の唄』(大正八年刊)。

四　世吉『賦何衣連歌』の鑑賞

【初折表八句】

発句　花おそし月のまたる丶まとゐ哉　　孝雄

花（春）。おそし＝仙台の桜の開花は四月十一日ごろ。四月七日に詠まれた発句なので、「おそし」とはまさしく実感を表している。月＝今宵のおぼろ月。る丶＝受身の助動詞。まとゐ＝円居。車座になって楽しむこと。哉＝発句にふさわしい切字。場所＝花見のできる料亭。時＝昼下がり、「月のまたる丶」。実感（桜の開花を待ちに待つ連衆の心のはずみや句作する連衆の心の苦しみなど）をおおらかに詠み上げた宗匠らしい立句。今夜は遅くまで句作が続くかもしれないという宗匠としての気遣いもうかがわれる立句。何＝花。花衣。花衣の意は、桜襲（さくらがさね。表が白で裏が紫などの色目）の衣。華やかな衣。

脇句

春の衣。「賦」の意は詩歌を制作する。

見おろす川にもゆるかけろふ　豊隆

かけろふ（春。陽炎）。川＝広瀬川。かけろふ＝脇句にふさわしい体言止め。発句に間接的に示されている春の日の昼下がりを「もゆるかけろふ」と具体的に表し、宗匠への同感・挨拶の気持ちを表している。そして春の日差しをいっぱいに浴びた広瀬川の川面を見事に詠んでいる。里村紹巴は「脇の句の事、よく発句の心をうけて其時節そむきなきやうに一かどさはやかに」と述べている。

三

ふるさとの山もはつかにかすむらん　次郎

かすむ（春）。らん＝第三句によく用いられる「らむ」止め。ふるさと＝心象風景。詠み手は山形県生まれ。発句・脇句の春は仲春であるが、この句の春は初春といえまいか。実景の広瀬川から離れて故郷の山形の山を想像した心象風景を詠んでいる。見事な転句。孝雄は、「凡そ、一座のうちにて、発句、脇、第三を三つ物といひて、そのしやうは最も大切なるものとせり。句作の実際よりいへば、発句は、常に一座の基調となりて、その精神を支配するものなり。而して脇は調和のはじめをなし、第三は変化のはじめをなすものなれば、この三句の精神、形体が、一座百韻の空気を支配すること著しきものあるなり。」（『連歌概説』七〇ページ）と述べている。

四

とこよをさして雁かへるなり　　孝雄

雁（春・雁は秋分に寒地より来たり、春分に寒地へ帰ると言われている）。とこよ＝常世。遠い地。常世の国。前句の「ふるさとの山」に帰雁を点じたのは春における視野を大きくしている。つまり前句の「山」から「とこよ」へと視野が広がっている。

孝雄は「すべて第四句は至りて安らかにすらすらとすべきものにして、かくかろがろとつくるを四句目ぶりといひ、易きが如くなれど、しかく、軽くはあしらひ難きものなり。」（『連歌概説』七一ページ）と述べている。

五　たれこめて琴かきならす夕まぐれ　　豊隆

雑。夕まぐれ＝夕暮れ。日の暮れるころ。部屋にこもって琴を鳴らす女性が想像される。前句と合わせると、飛び去った雁（去って行った男性）を思って、いや忘れようとして琴をかき鳴らす女性か。古典の世界の中の女性。

六　蓬か末におきそふるつゆ　　次郎

つゆ（秋）。蓬＝雑草。荒れた庭。前句と合わせると、『源氏物語』の「蓬《よもぎ》生《う》」の巻のヒロイン末摘花が想起される。末摘花は醜女であったが、心の美しい女性であった。父宮の遺風を墨守し、家を守っ

よもぎ

た。しかし、荒れるばかりであった。彼女は一度の契りだけで離れてしまった源氏をこの崩壊寸前の邸宅で待ち続けて日々を過ごすが、たった一人の女房までも離れて行ってしまった。そんなある日、須磨・明石から帰ったばかりの源氏がこの荒廃の邸宅の前を通りかかった。彼は、末摘花の住む家であることを思い出すとともに、今も彼女が自分の訪れを待ち続けて暮らしていることも知って感動するのであった。源氏は、末長い庇護を心に誓い、自邸の二条院の東側に彼女のための殿舎を新築してそこに引き取るのであった。

前句は、付句に恋を示唆するような作意（部屋の中から響いてくる琴の音）のあるところから、「恋の呼び出し」をしている句のような趣を呈している。この句は、この趣を『源氏物語』の世界として受けて立った。豊隆と次郎、両者が打打発止《ちょうちょうはっし》と詠み競っている感じがしてならない。

孝雄は、「たとへば、百韻連歌一巻のうちに源氏物語の故事なり詞なりを少くも一所を詠み入るるは連歌道の不文律にして、しかせざらむは殺風景なりとして必ず之を詠みたりしものなれば、苟も連歌を談ずるものにして源氏物語一部に心得なきはあらざりしものなり。」（『連歌概説』二〇八ページ）と述べている。

七　秋風にすゝき刈萱打そよき　孝雄

秋風（秋）。「すゝき」も「刈萱《かるがや》」も秋の草。前二句は恋の句で人事詠であるが、この句は自然詠に推移している。

八　松虫とめて野にそわけ入る　豊隆

松虫（秋）。とめて＝求めて。たずねて。そ＝「ぞ」係助詞。「松虫」の「松」は「待つ」を掛けている。とすれば、秋の野をそぞろ歩きする若者が想像され、人事の句と言える。次の句が恋の句になるよう示唆しているようで、再び豊隆は「恋の呼び出し」をしているのだろうか。

【初折裏十四句】

九　をさなきはをさなきまゝのあはれにて　次郎

雑。前句を受けて、少年少女の初恋の一こまを描いた句。恋の句。前句とこの句とを読み合わせると、川端康成の掌の小説『バッタと鈴虫』（テーマは少女に対して弾む心の少年とそんな少年の恋心がまだわからないうぶな心の少女との恋）を想起させる。

十

鏡にうつるおやのおもかげ　　孝雄

雑。鏡を見ながら、自分は前句のような少女であったという想い出にふける女性。さらに鏡に映る自分がいつの間にか母に見えてくる。

十一

衰へのわか身をかこつ朝夕に　　豊隆

雑。かこつ＝恨み言を言う。鏡に映っているのは母ではなく、やっぱり現実の自分の姿である。あの頃の自分から今の自分へ、とつくづくと時の移り変わりを思い知る。

月並みかもしれないが、小野小町の歌「花の色は移りにけりないたづらにわが身世にふるながめせしまに」が想起されてならない。

十二
蝉の小川にしつむかたしろ　次郎

蝉（夏）。かたしろ＝御神体の代わりとなるもの。代わりになる物。
蝉のかたしろは蝉の抜け殻。空蝉。小川に沈む蝉の抜け殻。前句の「衰へのわか身」をこの句は空蝉ととらえたとすれば、過酷な感じがしなくもない。しかし、これが現実なのであろう。

十三
賀茂山や神のあたりに近く住み　孝雄

賀茂山（夏・賀茂祭）。神＝下賀茂神社。「かたしろ」から「神」へ。下賀茂神社の森の蝉しぐれを浴びる住まいが想像される。

十四
かをる丁子をつくはひのかけ　豊隆

丁子（春）。丁字。沈丁花。蕾の外側は紫赤色。咲くと内面は白く極めて香気が高い。この馥郁《ふくいく》とした香りは春の訪れを知らせる。つくはひ＝つくばい。茶室の庭などに備えられている手水鉢《ちょうずばち》。かけ＝陰。手水鉢のもとに咲く沈丁花。

十五

暁のさくらさひしく別れきて　次郎

さくら（春）。さひしく＝さびしく。暁・別れきて＝後朝《きぬぎぬ》の別れ。桜（美人・恋人）。恋する男の心。「て」止まりに女と別れて来た男のため息が感じられる。まさに恋の句。

十六

妹か姿をしのふ青柳　孝雄

青柳（春）。妹か姿＝いもがすがた。「妹」は恋人。この青柳は日本堤から吉原の大門へ下る衣紋坂《えもんざか》にあった見返りの柳か。朝帰りの遊客が名残惜しさのためにあとを振り返る辺りにあった柳。孝雄の作とも思われない粋な句。まさに恋の句。

十七

つはくらのかたみにひなをよひかはし　豊隆

つはくら（春）。燕。かたみに＝互いに。よひかはし＝呼び交わし。ひなを育てるつがいの燕。ひなの誕生は恋の結果と言えよう。

十八

都こひしきはるさめの庵　次郎

はるさめ（春）。春雨は時には長雨になることがある。そんな春雨の降る日中に家に籠もっている若者。この場から都へ雄飛したいと思案している青年が想像される。

十九　もろこしのかしこき人の文よみて　孝雄

雑。文＝漢籍。前句の青年は憂いに沈んでいる青年ではなく、読書に耽っている青年学者であった。若い頃の孝雄をいうのか。

二十　ひとりたちたるそほとなりけり　豊隆

雑。ひとりたちたる＝読書に耽る青年は実は孤高の青年であった。そほ＝素王。王位がないが、王者の徳を備えている人。無冠の帝王。儒家では孔子、道家では老子をいう。若い頃の孝雄をいうのか。第十八・十九・二十に登場する青年から、『徒然草』第十三段「ひとり灯火のもとに文をひろげて、見ぬ世の人を友とするぞ、こよなうなぐさむわざなる。文は、文選《もんぜん》のあはれなる巻々、白氏文集《はくしもんじゅう》、老子のことば、南華《なんか》の篇。この国の博士《はかせ》どもの書ける物も、いにしへのは、あはれなる事多かり。」が想起される。

二十一　月やせてほその、道の末しらに　次郎

月（秋）。ほその、道＝細い野の道。末＝果て。未来。しらに＝知らないで。細い野の道を徘徊する青年。この道はこれから歩み進む青年の未来を象徴しているかのようである。

二十二　妻とふ鹿のこゑそきこゆる　孝雄

鹿（秋）。とふ＝訪問する。そ＝ぞ。前句の青年が牡鹿に。この鹿は牝鹿を恋い求める牡鹿。恋の句。

【名残の折表十四句】

二十三　乱れてはほろほろとちる萩の露　豊隆

萩（秋）。「鹿鳴草」「鹿の妻」は萩の異名。前句の「妻とふ鹿」から「萩」を連想する。萩と鹿とのかかわりについては昔から知るところであり、『万葉集』にも次のような歌がある。

秋萩の散りのまがひに呼び立てて鳴くなる鹿の声の遥けさ（湯原王・巻第八）

妻恋に鹿鳴く山辺の秋萩は露霜寒み盛り過ぎ行く（石川広成・

巻第八）

二十四　たけにあまりてにほふくろかみ　次郎

雑。前句の「萩」から女性の登場。たけ＝身の丈。にほふ＝輝くように美しい。くろかみ＝黒髪。古典の世界を詠んだ句。『大鏡』によると、藤原師尹《もろただ》の娘芳子《よしこ》は絶世の美人、村上天皇の後宮に入り、宣耀殿《せんようでん》の女御と呼ばれた。黒髪が長く、その一筋を檀紙の上に置いたところ、紙が一面に黒くなってしまったとのこと。また『枕草子』には、『古今和歌集』を丸ごと暗誦している聡明な女御として紹介されている。

二十五　はかなしやなけの情をたのみつゝ　孝雄

雑。なけの情＝無げの情け。深い心ともみえない、かりそめの愛。恋の句。ただし恋の終わりを予告。豊隆と次郎との恋の句合戦に孝雄も参加しながらも、所詮恋は一時的なものであるという警告を発している感じがしてならない。

二十六　手に燈して恋わするらん　正雄

雑。燈＝あかり。「手に燈して」は自己反省をするの意か。前句の余韻から恋の終焉を詠んだ句。

二十七

雷の山より山へなりわたり　　豊隆

雷（夏）。いかずち。この雷は恋の終焉を決定的に表しているとみなしたい。豊隆は大の歌舞伎愛好家。若くして「中村吉右衛門論」を書いている。したがって、この雷は歌舞伎十八番の一つ『鳴神《なるかみ》』を連想させる。あらすじは次のようである。

皇室に恨みを持つ鳴神上人《しょうにん》は、天上界の竜神を北山の滝壺に封じ込め、自らは岩屋にこもる。このために世は旱魃《かんばつ》となった。これに苦しむ百姓たちを救うため、朝廷では雲の絶間姫《たえまひめ》という美女を上人のもとへ遣わす。彼女は上人を色仕掛けで堕落させ、竜神を封じ込めた滝壺のしめ縄を切る。すると竜神は天に上り沛然《はいぜん》と雨が降る。欺かれたと知った上人は怒り狂い、姫の後を追うのである。

二十八

龍の宮居にさす日まはゆき　　次郎

日（夏）。龍の宮居＝竜宮。前句では雷から鳴神そして竜神へ。さらに続いてこの句では竜宮へ。まはゆき＝まばゆき。

二十九　入りあやのその舞姿のけたかくて　孝雄

雑。入りあや＝入り綾。雅楽で、舞が終わって舞人が退場しようとして再び舞台に引き返して舞う短い舞のこと。竜宮の舞人たちの舞う姿を想像し、その姿は雅楽の入り綾そのものと見ている。高雅な古典の世界。孝雄には『源氏物語の音楽』という著書がある。

三十　祭の夜のとほきとよもし　正雄

祭（夏）。とよもし＝鳴り響かせること。祭りのお囃子が遠くから聞こえてくる。前二句は架空の世界を詠んでいるが、この句は一転して現実の世界を詠んでいる。

三十一　柴の戸に名のなき草の咲き残り　正雄

草の咲き（秋）。草の花といえば、秋の庭や秋の野に咲く草の花のこと。閑静な庵の庭先にひっそりと咲き残る秋草の花。

前句は動、この句は静。正雄はさすが詩人、見事に二つの世界を表している。

三十二　はなたの空にうすれゆく月　豊隆

月（秋）。はなた＝縹色《はなだいろ》。薄い藍色。はなだの空は夜明け方の秋の空。したがって月は有明け月。淡く清澄な秋の早朝の空を詠んでいる。水彩画の趣。

三十三　はるけくも思をのせてきなく雁　次郎

雁（秋）。遠くから便りを運んで来た雁。思は便りの中身。きなく＝来鳴く。

三十四　みのる早稲田の浪のうねうね　孝雄

早稲田（秋）。浪のうねうね＝一面の稲穂のうねり。実りの秋。

三十五　沖つ舟行くては雲のかさなりて　豊隆

雑。沖つ舟＝沖を行く舟。沖の舟。この雲は梅雨雲でもなく入道雲でもなく、では鰯雲か。前句からの関連で、この句は秋の風景を詠んだものだろう。前句は陸の風景、この句は海の風景。

三十六　雪けもよほす山かけの道　次郎

雪け（春）。雪け＝雪消。春暖とともに雪が解け始めること。

雪解け。山かけ＝山陰。湿った山陰の道。早春の里山の風景。

これぞ叙景句。

【名残の折裏八句】

三十七　春ははや梅の立枝にふくむらん　孝雄

春（春）。立枝＝高く伸びた枝。ふくむ＝つぼみがふくらむ。

梅の立枝を詠んだ歌をみてみよう。

「わが宿の梅の立ち枝や見えつらむ思ひのほかに君が来ませる」（拾遺和歌集・平兼盛）。「なほ頼め梅の立枝は契りおかぬ思ひのほかの人もとふなり」（更級日記）。この句は、これらの歌の世界を踏まえているように思われる。

三十八　すみわひつゝも花をこそまて　豊隆

花（春）。すみわひ＝住み侘び。現世に住むことを辛いと思う。

恋わずらいによるものか。花は梅の花。恋人かも知れない。恋の句。

三十九　逢ふとみし夢ちの末もおほろ夜に　次郎

おほろ夜（春）。朧夜。夢ち＝夢路。逢ふとみし夢ち＝夢の中で恋人に逢うこと。恋人に逢った後は夢心地になるばかりである。悩ましい恋の句。

四十　浅きちぎりの雲の一むら　孝雄

雑。一むら＝ひとかたまり。少ないこと。短い時間を比喩的に表している。浅きちぎり＝束の間の逢瀬。短い交わり。これも悩ましい恋の句。

四十一　移り香のけなはけぬかになからへて　豊隆

雑。けなは＝のような様子は。のようなものは。けぬかに＝消えてしまうばかりに。消えてしまうほどに。「け」は動詞「消ゆ」の連用形の転。「ぬ」は完了の助動詞「ぬ」の終止形。「かに（がに）」は接続助詞。移り香のけなはけぬかに＝女の香りが自分から消えてしまうほど逢わないでいる時間を過ごすばかりであること。なからへて＝長らへて。長く続いて。逢瀬が遠ざかってしまった時間が長く続いてしまって。これもまた悩ましい恋の句。

四十二

野分の後にすめる夕月　　次郎

野分（秋）。野分＝台風。台風一過の晴れ渡った宵の趣。『源氏物語』「野分」の巻が想起される。恋離れの句。「野分」の巻を見てみると、仲秋八月、台風が襲来した。その見舞いに、源氏の長男夕霧が父の六条院を訪れた。その時、台風のために御簾などが乱れていたため、その透き間からはからずも父の正妻紫の上を垣間見た。夕霧は、その美しさに魂を抜かれた思いをした。その翌朝、夕霧は再び六条院を訪れ、女君たちを見舞った。その中の一人玉鬘の部屋を訪れたところ、なんと父は娘も同然の彼女に戯れているではないか。一瞬、夕霧は目を疑った。ただただ驚きのあまり息が止まってしまうのであった。

四十三

庭もせに黄菊白菊にほふなり　　孝雄

黄菊白菊（秋）。庭もせに＝庭も狭に。庭いっぱいに。にほ

挙句

ふ＝咲き匂う。美しく咲く。人事詠から一変して自然詠に。

やむかとすればきほふ蟲のね　　　　　豊隆

蟲のね（秋）。ね＝音。声。きほふ＝競い合う。競って詠み合ってきたことの振り返りの心持ちが込められている。体言止めの句。前句が秋の代表的な季語「黄菊白菊」を用いているので、挙句も秋の代表的な季語「蟲」を用いている。また前句の季語は植物に対して挙句の季語は動物である。豊隆のこのような気配りが感得され、連句の心得をよくわきまえた挙句と言いたい。

孝雄はこの締めくくりの雰囲気を次のように述べている。

一巻の終りに至りては某々の句のよかりし、すぐれたりしなどの意識も何もなくなり、たゞ面白し、愉快なりと感ずるのみにして恍惚として我を忘れたる境に在るが如きを以てその作の上乗とはなすなり。（『連歌概説』一七四ページ）

孝雄　十四　　豊隆　十四

次郎　十三　　正雄　三

五　読み終えて

宗匠の孝雄、そして三人の連衆は名の通った学者たち。『源氏物語』をはじめ、『大鏡』『枕草子』『更級日記』『徒然草』『古今和歌集』『拾遺和歌集』などの古典の世界を踏まえた作句は見事であり、連衆の広い視野や豊かな学殖が読み進むにつれて強く感じられ、目を離すことができなくなった。

まず孝雄の発句をあらためて振り返ってみたい。

発句　花おそし月のまたる丶まとゐ哉

「花おそし」で季節を表し、「月のまたる丶」で一日のうちの時間を表し、「まとゐ哉」で一座の形態を表している。また切字の「哉」で発句としての独立性を示している。孝雄は発句について次のように述べている。

発句を実地に詠ぜむには先づ、その季節を明かにすることを第一の条件として一座興行の行はる丶、その場所の殿作、庭作、四囲の山水又は風景等をまのあたり見るがまゝにつくるを発句をつくる場合の本義とす。而して、これには一句独立の姿あるべきことは既にいひたる如く、又発句として、たけたかく堂々たるすがたを有すべきものにして、他の句とは形も姿も、趣を異にすべきものなりとす。（『連歌概説』一二四～一二五ページ）

一方、付句については、次のように述べている。

即ち付句一般の現象としては前句に調和すると共に自家一己の特立の境地を保たざるべからざるものなりとす。これを平たくいへば、前句に付くと共に独り立ちしたる境地を有すべきものなりとす。（『連歌概説』五四～五五ページ）

ところで、恋の句が十二句も詠まれている。中でも、第三十八句から第四十一句までの立て続けの四句の恋の句は興味深い。

第三十八　すみわひつゝも花をこそまて

第三十九　逢ふとみし夢ちの末もおほろ夜に

第四十　浅きちぎりの雲の一ひら
第四十一　移り香のけなはけぬかになかからへて

第三十七の「春ははや梅の立枝にふくむらん」は、付句に恋を詠むように暗示しているかのような（例えば、兼盛の歌を想起するのもよかろう）作意を有する句に感じ取られなくもない。したがって、「恋の呼び出し」の句と言えよう。第三十八・第三十九の句は恋人に逢いたい切ない気持ちを詠んでいる。第四十の句は束の間の逢瀬を詠んでいる。第四十一の句はもう逢わなくなった（それとも、逢えなくなった）切ない気持ちを詠んでいる。そして、第四十二の句「野分の後にすめる夕月」には具体的な恋の雰囲気が見られないので、「恋離れ」の句ということになるだろう。

○

『連歌青葉集』に出逢ったのは、今から七年前のことである。富山市立図書館の「山田孝雄文庫」を見ていた時に、ふと目に入ったのがこの書である。連歌については全く無知であったが、四、五ページ読んでいくうちに、孝雄に連歌を学ぶ人たちの真剣な姿が目に浮かんできてならなかった。その後、『俳諧大辞典』『歳時記』『連歌概説』『連歌法式綱要』『連句入門』などの書を身辺に置いて読み進めたが、読みの歩みが止まってしまう時が多々あった。そんなしどろもどろの読みの中で、これはもっと念入りに読んでみたいと思ったのがこの「賦何衣連歌」の一巻であった。連歌の読解と鑑賞に際しては、孝雄の次の言葉が時には励ましの言葉にもなり時には戒めの言葉にもなった。

連歌を鑑賞するものは一句一句を味ひて各その一句としての価値を批判鑑賞すると共にその句の前句との付合方につきて批判鑑賞し、更に、その発句よりその句に至るまでの経過の上にあらはれたる、変化と波瀾と調和との上に整へられたる綜合的の美との三点を同時に鑑賞批判しつゝ進まざるべからず。(中略)かくの如き境地に至らずして一句一句をのみ批判するが如きは連歌の美をさとらざるものといふべし。(『連歌概説』一七三〜一七四ページ)

相手の句を受け入れ、その上で自分の句を発する、つまり享受と創作を繰り返しているうちに、「変化と波瀾と調和とそれらの上の美」が醸し出されて一巻が建立される。まさしく連歌・連句は「座の文学」である。

以上の心構えを理解・堅持して鑑賞することができたであうか。省みて忸怩たる思いを致すばかりである。

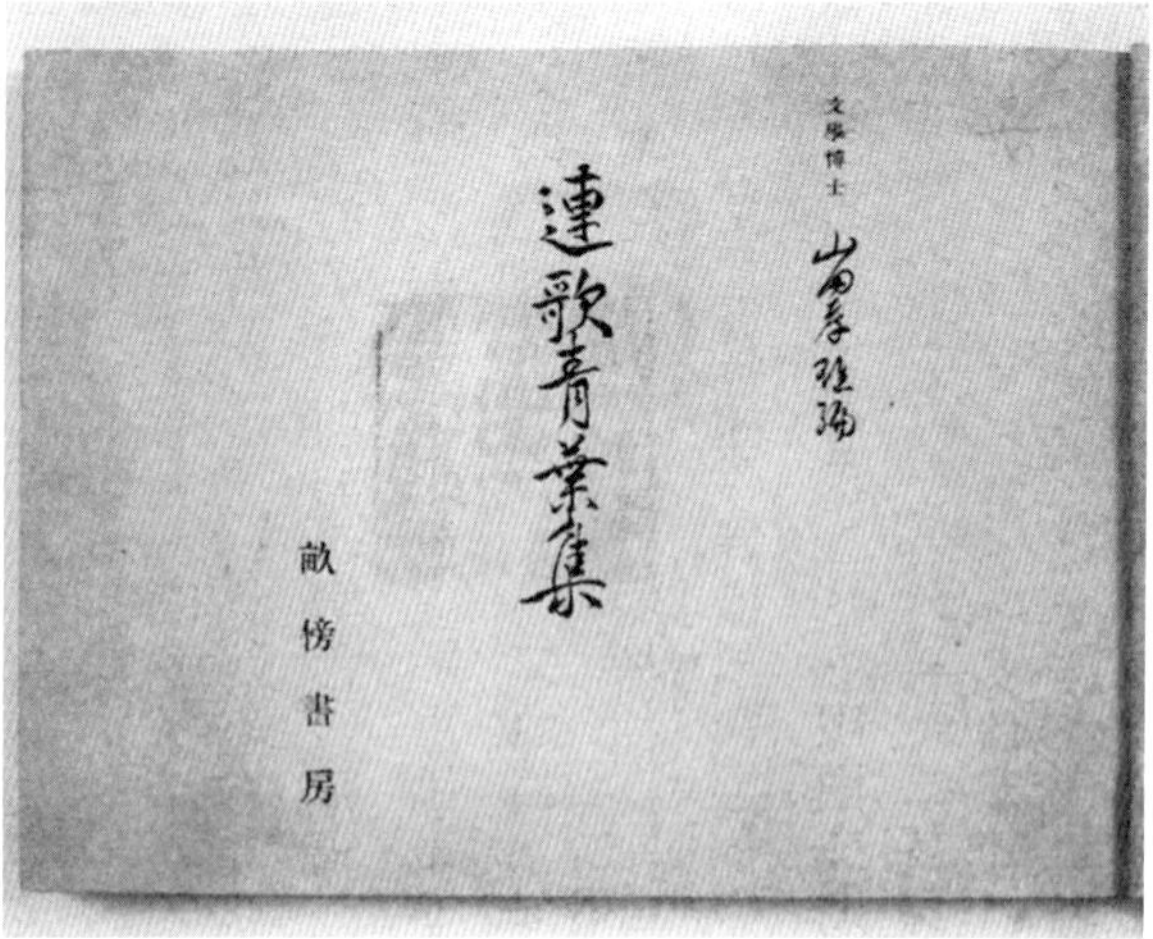

第四章　孝雄と文法

一　十代の勉強ぶり

孝雄は、十代の後半、小学校の教師を勤めながら、国語教師としての各種の免許の取得に努力した。その中でも、鈴木朖《すずきあきら》の『活語断続譜』や東条義門《とうじょうぎもん》の『てにをは友鏡』や鶴峯戊申《つるみねしげのぶ》の『語学新書』など、またチャンブレンの『日本小文典』や高津鍬三郎の『日本中文典』などの文法書を多く読破していたことは孝雄の蔵書から容易に想定することができる。したがって孝雄の文法に関する興味関心の高いことも理解することができる。その頃に書き綴った雑録「麓の通路」（『山田孝雄の立志時代』所収）の中にも、その勉強ぶりの一面がうかがわれる品詞分類図が採録されている。それを紹介してみたい。

馬琴 作

春は、嵯峨野の草結び、夏は、菖蒲の根合せに、長き日暮し。
心にもあらでぞ、人を慰むる。戯ながらも、都びし雛の遊びに、
折り添ふる桜を見ても、思はるゝ、芳野内裏の夢のあと。
覚めて悔しく、猶おもふも新葉集の歌かるた。上を請ずし
て、臣下を取る、順逆の理は、ありながら、合はぬ根は、乱れ
世の、さいさ、昔夜に打ち戦し、其の夕暮になるまでに、
惜しみも敢ず。あたら日を、あだに暮して、折々の、
童遊びは、人日のみ。

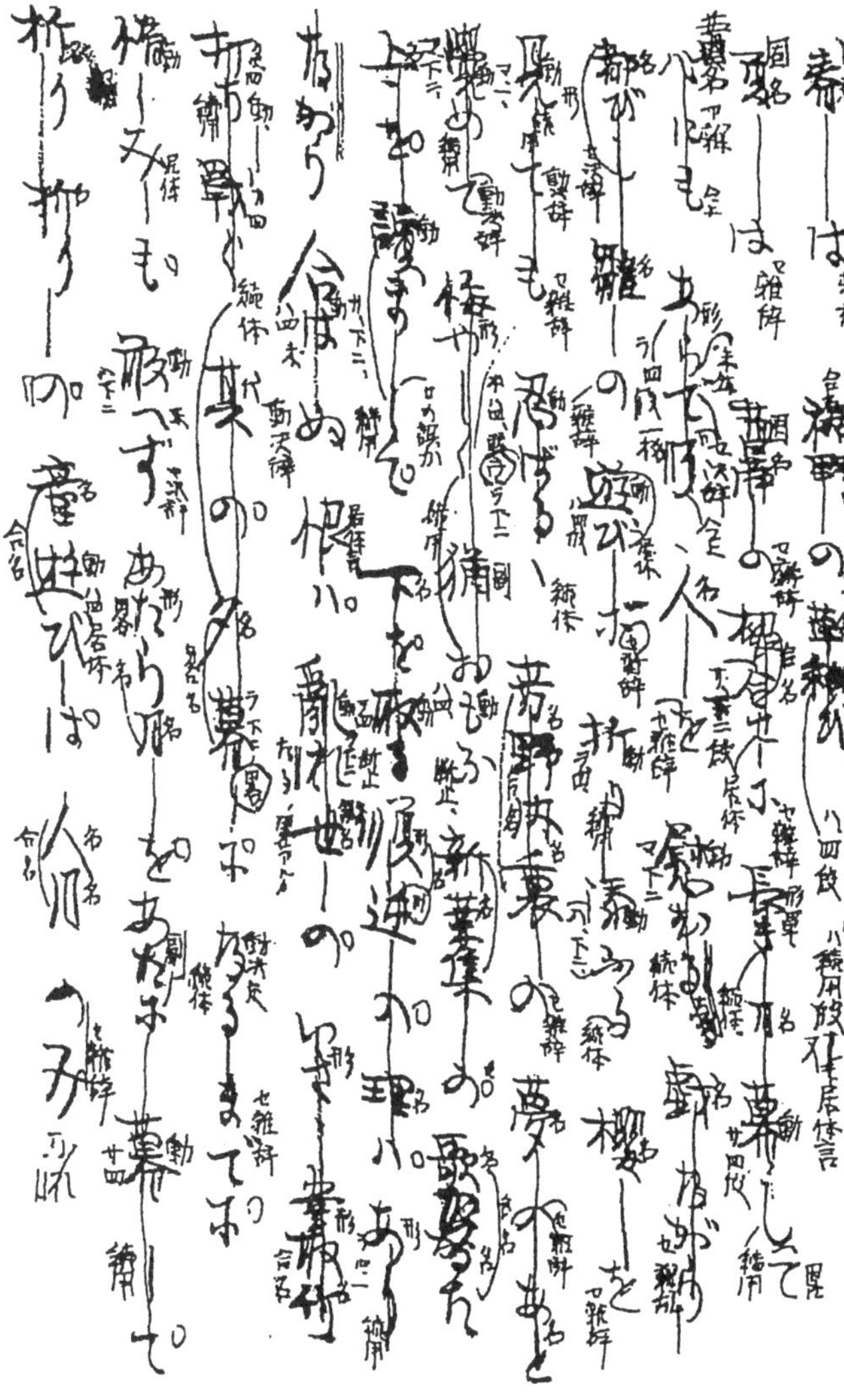

それを解読したもの（孝雄の書き込みに筆者が追加したもの）を示しておこう。

馬琴作

名詞　雑辞　名詞（名詞と名詞）　連辞　名詞（名詞と居言）　名詞　雑辞　名詞　連辞
春は裾野の草結び。夏は、菖蒲の
続体段　続用段
名詞（名詞と居言）　雑辞　形容詞　名詞　サ四動詞　接続辞　名詞　雑辞　雑辞
根合せに、長き日暮して心にも
未然段　続体段
ラ変動詞　不然辞　決定辞　名詞　雑辞　マ下二動詞　名詞（居言）　雑辞
あらでぞ人を慰むる。戯ながら、
続用段　続用段　続体段
バ上二動詞　決定辞　名詞　連辞　名詞（居言）雑辞　ラ四動詞　ハ下二動詞　名詞
都びし雛の遊びに折り添ふる桜
続用段　未然段　続体段
雑辞　マ上一動詞　接続辞　雑辞　バ四動詞　受動助動詞　名詞（名詞と名詞）連辞
を見ても、忍ばる、芳野内裏の
続用段　続用段　断止段
名詞　連辞　名詞　マ下二動詞　接続辞　形容詞　副詞　ハ四動詞　名詞　連辞
夢のあと。覚めて悔しく、猶おもふ。新葉集の

未然段　連用段
名詞（略言と名詞）　名詞　雑辞　マ四動詞　役動助動詞　接続辞　名詞　雑辞
歌かるた。上を読まし（せ）て、下を
断止段　続用段　未然段
ラ四動詞　名詞（名詞と名詞）　連辞　名詞　雑辞　ラ変動詞　雑辞　ハ四動詞
取る。順逆の理は、ありながら、合は
続用段
不然辞　名詞（居言）　雑辞　ラ下二動詞　決定辞　名詞　連辞　形容詞　名詞（合言）
ぬ恨は、乱れたる世の、いささ叢竹、
続用段　続体段　続体段
タ四動詞　ガ四動詞　代名詞　連辞　名詞（名詞と居言）　雑辞　ラ四動詞　雑辞
打ち戦ぐ其の夕暮になるまで
続用段　未然段
雑辞　マ四動詞　雑辞　ハ下二動詞　不然辞　形容詞　名詞　雑辞　副詞
に、惜しみも敢へず。あたら日をあだに
続用段
サ四動詞　接続辞　名詞（居言と居言）　連辞　名詞（名詞と居言）　雑辞
暮して、折り々々の童遊びは、
名詞（名詞と名詞）　雑辞
人目のみ。

〈注〉「いささ」は形容詞「いささけし」の一部。「あたら」は形容詞「あたらし」の語幹。

品詞名は、当時中学校で広く使用されていた文法教科書に従った。それは孝雄も参考にしたに違いない、落合直文・小中村義象合著『中等教育日本文典』（明治二十三年印刷出版・同二十五年文部省検定済・博文館）である。この教科書の品詞名等の説明を紹介してみよう。

1　名詞について

○居言《きょげん》＝主として動詞の連用形を名詞化したもの。

○略言《りゃくげん》＝用言の語幹の名詞化したもの。

○合語《ごうご》＝名詞と名詞とが合して一つの名詞となったもの。

・名詞と名詞　山川　・名詞と居言　朝起　・名詞と略言　裏白

・居言と居言　書取　・居言と名詞　買物　・居言と略言　祝歌

・略言と略言　遠浅　・略言と名詞　淀川　・略言と居言　高笑

2　助辞（助動詞と助詞）について

○不然辞＝打消の意をあらはす助辞なり。　ず・まじ・じ・で・なく・に　など。

○感嘆辞＝物に感じたる情をあらはす助辞なり。　な・も・や・よ・を・かな・

かも・か・はや・はも・ゑ　など。

○希求辞＝心に欲することを、他に請ひ求むる助辞なり。　ばや・なむ・しがな・もがな・しが・こせ・こそ　など。

○命令辞＝他にいひおほする助辞なり。　ね・よ・を　など。

○禁止辞＝然すなと止むる助辞なり。　な〜そ・な　など。

○疑辞＝疑問の意をあらはす助辞なり。　や・か　など。

○想像辞＝過去、現在、未来を問はず、すべて推量の意をあらはす助辞なり。
べし・らむ・けむ・めり・らし・べらなり・まじ・じ　など。

○決定辞＝ぬ・つ・なり・たり・き・けり・かし・ぞ　など。

○反動辞＝打返りて、その意の裏をあらはす助辞なり。　や・やは・やも・か・かは・かも　など。

○抑揚辞＝いひつらねたる意を抑へて、言外の意を起す助辞なり。　つつ・を・に　など。

○接続辞＝上の係を結びはてずて、下へいひ続くる助辞なり。　と・て・は・ば・ど・が・に・を　など。

○連辞＝体言と体言とを合はせて、一つの体言とする助辞なり。が・の・つ・や　など。
○強辞＝語勢を強め、語の調を助くる助辞なり。し・を・や・い・ろ・ら　など。
○雑辞＝以上十三種の外、語の調を助くる助辞なり。は・も・の・が・ぞ・なん・なも・を・に・へ・こそ・がね・だに・だも・そら・さへ・のみ・より・から・まで・ごと・ものゆゑ・ものから・ながら・がて・がてら・と・さ・み　など。

3　活用と活用形の種類について

○正格＝四段活・上一段活・下一段活・上二段活・下二段活
○変格＝加行変格・佐行変格・奈行変格・良行変格
○第一変化＝未然段または将然言・（未然形）　○第二変化＝続用段または連用言・（連用形）　○第三変化＝断止段または終止言・（終止形）　○第四変化＝続体段または連体言・（連体形）　○第五変化＝已然段または已然言。（已然形）

二　文法研究の起因

孝雄は、明治二十九年（一八九六）四月、兵庫県篠山の私立鳳鳴義塾に赴任した。翌年十一月には私立鳳鳴義塾の寄宿舎舎監を委嘱された。教師及び舎監として落ち着いて日々励むことが出来るようになったある日、生徒からの助詞「は」の働き及び意味に関する質問に即答することが出来ず悲しい思いをした。孝雄はこの悲憤を起因として本格的に文法研究に取り組むことになった。これはあまりにも有名な話であるが、この経緯を『日本文法論』で次のように如実に語っている。

今を去ること殆十二三年前の事なりき。著者は其以前よりして文法専攻の志を有せり。当時はをこがましくも相応の知識ありと思へりき。当時某氏の文法書を以て教授に従事したりき。この文法書は即「は」を主語を示すものとせるなり。一日この条に及ぶや一生反問して「は」の主語以外のものを示すことを以てす。余は懺悔す。当時の狼狽赤面如何計りぞや。沈思熟考して、徐に其の言の理あるをさとり、自ら其の生徒に陳謝したる事ありき。実にこれ著者が日本文法を以て自家の生命とまでに思惟するに至りし最大動機にして我が文法の如何に破綻多きものなるか、文法を教ふと称するものよりも教を受くるものが遥に正当なる見解を有せる如き状態なるをいかで黙視しうべき。こゝに於いて発憤激励いかで国語の真光を発揮せむと苦心し始めてより今日に至りぬ。（六三九〜六四〇ページ）

また、後年、『鳳鳴中学五十年記念誌』に次のような文章を寄せている。

その当時私は悲憤のあまり、日夜何事も手に付かず、あの御濠《おほり》の辺をひとりさまよひあるいて、わが国語の将来と国語学の前途に付いて深い感慨に沈みました。

然る処ある時ふと胸中に起りました一念は、これは他人に待ってゐるからだめなのである。自分みづからこれを研究して国語の真相を世に明かにするより外に方法がないのであらうといふ事でありました。（中略）私の一身で出来るか否かをためしてみねばならぬと思ひまして、それからは国語の研究に日夜没頭する事になりました。（明治書院企画編集部編『日本語学者列伝』所収）

三　文法研究まっしぐら

孝雄は、公務に励む一方、余暇は文法研究に没頭した。しかし、そんな中でも、師範学校（女子部）及び高等女学校の日本史科教員の免許も取得した。孝雄は、待遇のよい公立学校に異動したいと思うようになり、文検で知り合った友人を通して、明治三十一年（一八九八）十月に奈良県尋常中学校教諭となり、五条分校に勤務した。翌三十二年には奈良県郡山中学校寄宿舎の舎監も兼任した。明治三十三年（一九〇〇）には師範学校及び高等女学校の修身科の免許を取得。翌三十四年五月には高知県立第一中学校に赴任し、安芸分校に勤務した。

孝雄は、あの私立鳳鳴義塾で生徒に質問されてその返答に窮して以来、この安芸分校の勤務までの約五年間、教師としての公務以外の時間はほとんど文法研究に当てていた。その間の意気込みを、雑録「大言小言録」(『山田孝雄の立志時代』所収)の中で次のように述懐している。

余が研鑽はこの地にありて一進境あらむことを期す。出来うべくは余が研鑽をしてこの地に在る間に一頭地を抜かしめよ。余が此の身は如何なる境遇に在りとも敢へて憂ふるに足らざるなり。

旺盛な研究意欲のほとばしりが感得されてならない。明治三十五年(一九〇二)十月、これまでの研究の結果をまとめて、まず『日本文法論』上として東京の宝文館から出版した。その緒言の終わりの部分の言葉に注目してみたい。

著者が本論をなすに至りたるはこの論中に散見する幾多の先輩及其の説を引用せし所の一切の文法家の恩賚なれば、茲

『日本文法論』上

に謹んで、これらの先輩に対して感謝の意を表す。然れども、学問の研究は交際によりて左右させられるべきものにあらず。この故に、著者は先輩諸氏の人格に対して絶対的に敬意を表すると同時に、其の学説の非につきては一歩も寛仮せず。これ頗酷なるに似たれど、由来わが語学の不振は多くは師説の墨守にありたるやうなればこの弊を打破せむと欲してなり。（中略）

本論は著者研究の結果を発表したるまでなり。社会の公認するか否かは未決の問題に属す。今若この説を採りて直に普通の教育に施す者あらば、実に大早計の事にして著者の深く遺憾とする所なり。著者は唯此によりて国語学研究の熱度を高め得ば望足れり。若社会が之を公認せば其の時はじめて普通の教育に応用せらるべし。学問の研究と教育の施設とを混同せざらむことを望む。

明治三十五年六月廿九日

＜注＞○恩賚＝ご加護。　○非＝誤り。　○寛仮＝大目に見ること。　○頗＝すこぶる。　○由来＝もともと。　○墨守＝昔からのしきたりや考えをいたずらに固く守ること。　○大早計＝大変早まった考え。　○遺憾＝残念。　○熱度＝熱心さの度合い。

孝雄二十七歳の時の言葉である。自分の研究結果を初めて世に公表するに当たって、謙遜の心持ちをまず述べながらも、研究自体に対する自信のほどは「若社会が之を公認せば其の時はじめて普通の教育に応用せらるべし」といった表現からも確実にうかがわれ、まっしぐらに励む若い研究者の心持ちが想起されて感服せざるを得ない。

孝雄は、明治三十九年（一九〇六）四月、高知を去っていよいよ上京の途に就く。翌四十年二月には、文部省国語調査委員会補助委員となった。文法研究のほうは、上巻に続く中巻下巻は出さず、明治四十一年（一九〇八）九月、一五〇〇ページにも及ぶ全一巻としての『日本文法論』を宝文館から一挙に出版した。不滅の名著の誕生である。孝雄、三十三歳の時である。

この大著をひもといてまず驚嘆するのは、英語の研究書とドイツ語の研究書からの引用・参考である。富山県尋常中学校一学年修了が孝雄の学歴の終わりである。したがって、英語もドイツ語も全くの独学である。鷲尾龍一・斉木美知世著『国語学史の近代と現代』は、孝雄の参考にしたハイゼの研究書は何版に相当するかを詳細に調べ探るとともに、孝雄が極めて正確に西洋文典を解読していることを指摘している。このことについて、この書の論述を見てみよう。

山田孝雄の立論および議論の展開を辿り、それを現代的視点から評価しようと試みるためには，『日本文法論』における西洋文典の引用自体を検証するという作業が、実はきわめて重要な意味を持つことになる。『日本文法論』の言う「西洋文典」が、実質的に「スヰートの新英文典」と「ハイゼの独逸文典」を指すことは、山田孝雄自身が述べているところであり、「スヰート」については、Henry Sweet,A New English Grammar:Logical and Historical (Oxford:; Clarendon Press) であることは、容易に確認できる。しかし、ハイゼの「独逸文典」が正確に何を指し、計一七五行にも及ぶハイゼからの引用が、どの文法書のどの箇所から引用されているのかは、『日本文法論』のどこにも明記されておらず、実はこれまでの研究でも正確には特定されていない。（三九～四〇ページ）

しかし、この書の筆者たちは、この未解決の分野を綿密に探求・調査して、孝雄の用いた原典を探り当てたのである。次がその解決の言葉である。

『日本文法論』が引く独逸文典の原典がJ. C. A.Heyse "Schulgrammatik" の第二十六版、一九〇〇年刊の Deutsche Grammatik であることは、本稿におけるこれまでの議論によってほぼ確定したのではないかと思う。（六二ページ）

このようにして広く先人たちの学説を見渡し参考にしていることが山田文法の堅固な基礎となっていることは確かであろう。また十一名の我が国の学者の学説を取り上げている。例えば、「あゆひ抄」「かざし抄」の富士《ふじ》谷成章《たになりあきら》、「言語四種論」「活語断続譜」の鈴木朖、「広日本文典」「言海」の大槻文彦等。また西洋の学者の学説では、スウィートのムード論、ハイゼの陳述論、ヴントの統覚作用論等を引用・参考にしている。孝雄とこの三人の西洋の学者の学説との関係について、『山田文法の現代的意義』の中で、ナロック・ハイコ氏（東北大学教授）は次のように述べている。

『日本文法論』における上記三者からの直接の引用は多数に上り、スウィートは実に三十二か所、ハイゼは十七、ヴントは十二に上る。この三者以外にも西洋の言語学者と哲学者が何人か引用されるが、それぞれ一～三か所に止まる。『日本文法論』で引用される西洋の研究は全体としてたしかに数の点で日本語の研究より少ないが、しかしこの三者に限っていえば、山田の言語思想と文法論に大きな影響を与えたことは間違いないといってよいだろう。特に文成立にまつわる問題に関しては、参照すべき国学的な研究がほとんどなかったため、やむを得ず西洋言語学者のそれを対象に取り上げ論じるほかなかったのである。「やむを得ず」というのは、山田が西洋言語学の文献を取り上げるのは、彼がそれに対して、批判的な態度を示す場合が多いからである。これは、当時日本語文法をあたかもラテン語文法の型にそのまま嵌めこめようとするような文法記述が、一部の欧米や日本の言語学者に行われており、彼がそのような傾向への反発を感じていたからであったと思われる。しかし、山田の長所は、そのような反発にもかかわらず西洋言語学の中で優れている、あるいは自分の刺激になると思ったものには、正面から向き合おうとした点にあるといえよう。山田が最もよく参考にした上の三者の研究は互いに全く性質の異なるものであり、山田の言語思想への影響の仕方もそれぞれ異なっていた。しかし、結論を先に述べれば、文成立関係の概念に関して山田に最も直接な影響を与えた（あるいは、山田がその思考を有用なものとして選択した）のは、独自な解釈をあまり加えずにそのまま山田自身の叙述に従えば、ヴントとハイゼである。（二一九ページ）

ナロック・ハイコ氏が指摘するように、ヴントやハイゼの言語理論に対して、孝雄は自分の解釈や批判をあまり加えずにそのまま受け入れた点があることは認めなければならないが、孝雄の研究態度は決して自己を喪失して他を鵜呑みにする研究態度ではなく、彼等の言語理論を大いに引用・参考にして、自分自身の言語思想を豊かにし堅固にして、その上で日本語の仕組みを分解・構築して、山田文法を樹立したものと言いたい。

四　『日本文法論』の中からいくつかを

1　単語について

スウィートの学説を参考にして、孝雄は単語を次のように定義している。

単語とは言語に於ける、最早分つべからざるに至れる究竟的の思想の単位にして、独立して何らかの思想を代表するものなり。（『日本文法論』七六ページ）

単位とは、もはや分解されない極限を示す。単語は、思想の単位を表すが、それは必ず言語という一つの形に制せられたものである。思想上は一つの単位を表すが、いくつかの語が集まって一つの単位を成り立たせているものは単語と言うことが出来ない。例えば、「梅の花」という表現など。

さらに単語を分類して、次のような図式を示している。

- 単語
  - 関係語……弖爾乎波の類
  - 観念語
    - 副用語……副詞の類
    - 自用語
      - 概念語……体言の類
      - 陳述語……用言の類

（『日本文法論』一五六ページ）

関係語とは、その語だけで一つの思想を表すことが出来ず、つまり具象的観念を有せず、観念語を助けてそれらの関係を示すので関係語と言い、また常に観念語を助けるところから助詞（弖爾乎波《てにをは》）と称せられる。観念語とは、一定の明らかな具象的観念を有し、場合によっては単独で一つの思想を表すことが出来る単語をいう。副用語は観念を表す点では自用語と同じであるが、必ず他の語と結合して文の成分となる語をいう。自用語はそれ自体独立して観念を表し、文を形成する骨子となり、また陳述の基礎となる語をいう。概念語とは、いわゆる体言のことをいい、名詞・代名詞・数詞がこれに属する。陳述語とは、

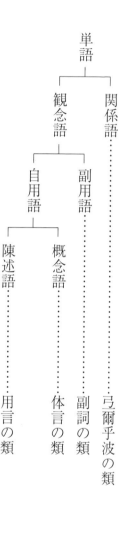

用言のことをいい、属性観念を表すとともに陳述の働きを有することを用言の本質としている。動詞・形容詞がこれに相当するが、属性観念を表さないで陳述のみを表す動詞・形容詞があり、これを形式用言と称している。この中でも「存在詞」という一品詞を特立している。

- 形式用言
  - 偏向する所あるもの
    - 形状性形式用言……形式形容詞（ごとし）
    - 動作性形式用言……形式動詞（す）
  - 純粋形式用言……存在詞（あり）

『日本文法学概論』では、実質用言と形式用言について、次のように説明している。

　実質用言とは陳述の力と共に何らかの具体的の属性観念の同時にあらはされたる用言にして、形式用言とは陳述の力を有することは勿論なるが、実質の甚しく欠乏してその示す属性の意味甚だ希薄にして、たゞその形式をいふに止まり、その最も抽象的なるものはたゞ存在をいふに止まり、進んでは単に陳述の力のみをあらはすに止まるものなり。（一八九ページ）

形容詞とは静止的固定的に時間に関することなく心内に描かれたる事物の性質状態を説明する用言なり。動詞とは事物の性質状態が推移的発作的の観念として意識内に描かれたるものをあらはす用言なり。（一九八ページ）

孝雄は、説明の便宜を考慮して、形式用言の中の「ごとし」を形容詞として「す」を動詞としている。ところで、「あり」（口語では「ある」）であるが、「存在を表して陳述する場合」には、「ここに本がある。」のように、助詞「が」を加えた文節の下に用いられる。他方、「陳述の力のみを表す場合」は、「これは本である。」のように、「で」を伴って表される例が多い。なお、現行の文法では、「である」は一語で助動詞とみなしている。

また、最近の研究書、中村幸弘著『「する」という動詞のQ&A103』では、動詞の「す」「する」について、次のように論じている。

動詞「す」「する」に意味があるように見えるのは、その「す」「する」に先立って一定の語句があるからだ、と見るのは、実に適切です。そういう語句があるから、「す」「する」に意味が発生するのだ、と見てもいいでしょう。それは、自動詞の「す」「する」についても他動詞「す」「する」についてもいえることです。

そういう考え方を書物のなかで述べているのは、山田孝雄の『日本文法論』です。同書において形式用言とした動詞「す」について、その観念を担当する観念部分を「賓語《ひんご》」と称する、といっています。そこにいう「観念」は、いまいう概念ということです。そして、その賓語は、客語といってもいい、といっています。object の訳語なのでしょうが、その動詞「す」の概念を担う語句を広くそう呼んでいるようです。

そこに直ちに引かれる用例はいわゆるサ変複合動詞で、その語幹が「す」の概念である、といっています。「勉強す」も「迷惑す」も載っています。「勉強す。」は「勉強（ヲ）す。」ですから他動詞「す」でしょうし、「迷惑す。」は「迷惑（が）す（生ジル）。」ですから自動詞でしょうので、他動詞も自動詞も、それぞれ、その賓語があって始めて意味が見えてくる、といえましょう。賓語がなかったら、その「す」に意味がないことになってしまいます。そういう解説をしています。

用例も原則としては古典語であり、その解説はすべて古典文で書かれているのが、その『日本文法論』です。中古の和文に頻用される「ものす」について、前後の文勢によってその概念を判定すべきだとして、「親などものし（居）たまはぬ人なれば、」「阿闍梨《あざり》にものし（言ひ）つけ侍りにき。」などと述べています。続いて、「歌合せんとて（歌合）しける時に云々。」「むかしの人の袖の香ぞする（匂ふ）。」という用例を挙げています。これも、前者が他動詞で、後者が自動詞です。どちらも、賓語の力を借りて、そこに意味を発生させていると見てよいでしょう。

その山田の『日本文法論』には、その賓語という術語が一一〇回現れます。この程度の紹介で、山田の考え方が伝えられたかどうか不安ですが、山田独自の術語なので、『日本国語大辞典』も登録してくれてありません。日本語学や、少し古い時期の国語学関係の辞典・事典類も、その立項を見ることはできません。松下大三郎という学者も時枝誠記という学者も、「す」「する」に強い関心を寄せていて、教えられるところが多々ありますが、山田の「す」「する」を取り立てた論述には及ばないでしょう。

「す」「する」の読解は、あえて取り組まなくても、理解できたような気持ちになってしまうからでしょうか、改めて学習しないままになっているのではないか、と思います。その「す」「する」は形式用言の一つに位置づけられるように、概念がありません。その無概念動詞「す」「する」は、賓語という先行成分のお陰で意味が発生するのですから、小学生、中学生にも気づかせるようにさせたいと思っています。

右の論述は、山田文法を共時的な文法論として身近に置き、見事な解読を提示したものである。

2　副詞について

孝雄は、副詞・感動詞・接続詞を併せて「副詞」と称しており、次のように図式で示している。

- 副詞
  - 先行副詞
    - 語の副詞
      - 属性副詞
        - 情態副詞
        - 程度副詞
      - 陳述副詞
    - 感応副詞
  - 接続副詞

（『日本文法論』五一五ページ）

先行副詞とは、その語が下に続く語や句のみに関わる語をいう。接続副詞とは接続詞のこと。感応副詞とは感動詞のことで、『日本文法論』以後の研究書では感動の副詞または感動副詞と称している。陳述副詞とは、述語の陳述の方法を予想・想定する語をいう。例えば、「さらさら」は否定の陳述を、「など」

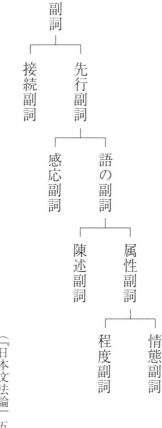

は疑問・反語の陳述を予想・装定させる。情態副詞とは、事物の属性観念を表す語をいう。「ふたたび」「まだ」「すなはち」など。ところで、例えば、「あきらか」「しづか」は「に」という助詞の助けによって、また「泰然」「躍如」は「と」という助詞の助けによって働くとして、孝雄はこれらを情態副詞とみなしている。なお時枝文法では名詞、現行の学校文法では形容動詞の語幹とみなしている。

3　複語尾について

孝雄は、助動詞を一品詞と認めないで、「本来の性質はまさに一種の語尾にして独立したる単語にはあらざるものなり。いはば再度の語尾と称すべく、動詞の語尾の複雑なるものと見るべきなり。」（『日本文法論』三六三ページ）と主張している。そして、複語尾の性質によって、まず二大別している。

一　属性の作用を助くる複語尾

二　統覚の運用を助くる複語尾

書く（か）……（　）――ない
書く（か）……れる（れ）――ない
書く（か）……せる（せ）――ない

「れる・られる」「せる・させる」と「ない」以下の助動詞とは機能の相違があることは上の図式からでもうかがわれる。「書く」は能動相、「書かれる」は受動相、「書かせる」は使役相，この三つの表現形態は同じ次元に立脚しており、「ない」以下の助動詞はそれらの相に接続するというわけである。孝雄は、「れる・られる」「せる・させる」を「属性の作用を助くる複語尾」として取り扱い、時枝文法は接尾語として取り扱っている。この際、複語尾も接尾語も一語とみなしていないことを確認する必要があるだろう。

『日本文法学概論』（三一五ページ）では、複語尾を次のように図式化して示している。

- 複語尾
  - 属性のあらはし方に関するもの
    - 状態性間接作用 ―「る」「らる」
    - 発動性間接作用 ―「す」「さす」「しむ」
    - （以上）未然形に属す
  - 統覚の運用に関するもの
    - 希望をあらはすもの ―「たし」「たかり」
    - 陳述の状態に関するもの
      - 陳述を確かむるもの ―「つ」「ぬ」「たり」
      - 思想の特種の状態に応じての陳述をなすもの
        - 回想をあらはすもの
          - 「き」「けり」
          - 「けむ」
        - 非経験性の陳述をなすもの
          - 現実を推量するもの
            - 「めり」「らむ」
            - 「らし」「べし」
            - 「まじ」
            - （以上）終止形に属す
          - 非現実性の陳述をなすもの
            - 打消「ず」「ざり」
            - 予想「む」「まし」
            - （以上）未然形に属す
    - （「たし」「たかり」「つ」「ぬ」「たり」「き」「けり」「けむ」）連用形に属す

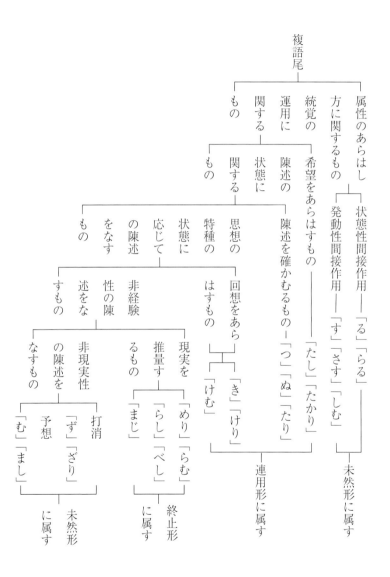

この図式からも分かるように、複語尾としての用法の文法的考察が詳細にして的確である点においては、比類を見ない考察と言ってよかろう。

4　助詞について

『日本文法論』（五四八ページ）によれば、助詞を、次の第三点から職能を基準に六種類に分けている。

第一　他語との関係を示す必要よりして形体上に変化を有するかの点より見れば助詞にはかゝることなし。

第二　そのあらはせる観念の上より観察すれば助詞は単独にては何等の観念をもあらはし得ず、他の観念語に付属し始めて其の義を認むるを得るのみ。

第三　その職能によりて観察すれば、助詞は観念語たる体言用言副詞に付属して其の意義を明にし、又それらの間の関係を示すに用ゐらる。

そして『日本文法学概論』（四〇四ページ）では、助詞の分類図を次のように示している。

- 助詞
  - 一の句の内部にあるもの
    - 一定の関係を示すもの
      - 句の成分の成立又は意義に関するもの
        - 一定の成分の成立に関するもの……格助詞
        - 句の成分に付きて下の用言の意義を修飾するもの……副助詞
      - 句そのものの成立又は意義に関するもの
        - 述語の上にありて影響を与ふるもの……係助詞
        - 句の終止に用ゐるもの……終助詞
    - 使用範囲のゆるやかなもの……間投助詞
  - 句と句とを結び合するもの……接続助詞

副助詞は孝雄の創唱したものであり、現在も受け継がれている。係助詞については、最も力を入れて説明しているが、「は」は格助詞ではなく係助詞であると明らかにしたのは、日本文法に関する孝雄の数々の功績の中でも出色の功績とみなしてよかろう。このことについては『日本文法学要論』に詳細に解説してあるが、振り返ってみたい。

(1)鳥が飛ぶ時、(2)鳥は飛ぶ時、の二文句がある。(1)の「鳥が」と「飛ぶ」とは主述の関係を成し、「鳥が飛ぶ」と結び付き、まとまって「時」にかかる。(2)の「鳥は」と「飛ぶ」とは直接には結び付かず、「鳥は」と「飛ぶ時」とが対応するというわけである。職能の上から言えば、「鳥は」は「飛ぶ時（羽を広げる・旋回する）」をといった説明を求めているのである。つまり(1)の中の「が」は主述の関係を表す格助詞であり、(2)の中の「は」は話し手の意志や感情にかかわる陳述を要求する係助詞ということになる。

5　句論について

現在では「文論」と称しているものを、孝雄は「句論」と称している。まず

『日本文法論』の句論についての解説を見てみよう。

抑、文は思想を完全にあらはしたるものなりといへり。単文は単一なる思想をあらはしたるものなりといへり。惟ふに思想とは人間意識の活動状態にして、各種の観念が或一点に於いて関係を有する点に於いて合せられたるものならざるべからず。この統合点は唯一なるべし。意識の主点は一なればなり。この故に一の思想には一の統合的作用存す。之を統覚作用といふ。この統覚作用これ実に思想の生命なり。雑多の概念累々として堆積すとも之が統覚作用なくば遂に思想たること能はず。この故に単一なる思想とは一個の統覚作用によりてあらはされたるもの換言すれば統覚作用の活動の唯一回なるものをさすなり。

文の内面的要素たる思想の説明は以上の如し。従って単文の内面的要素は実に統覚作用が意識内にて唯一回活動せる際のものなることもあきらかなり。然れども吾人はもと思想を研究する目的にあらざりき。

こゝにこの思想が文となるにつきての制約を述べむ。吾人の思想は種々の方便によりて発表せらるるなり。このうち吾人の研究範囲は言語に於ける思想発表にとゞまる。言語にあらはれたる思想の発表形式之を吾人は句と称す。

こゝに於いて一の句とは如何なるものなるかを問はざるべからず。今内面よりの観察によれば一の句は単一思想をあらはすものなれば、所謂統覚作用の活動の唯一回なるものならざるべからず。之を外部の方面より見れば、この単一思想が言語によりてあらはされたる一体ならざるべからず。しかもそは他と形式上独立したる一完全体ならざるべからず。(一一八三〜一一八四ページ)

次に『日本文法学概論』の句の定義を見てみよう。

一の句とは統覚作用の一回の活動によりて組織せられたる思想の言語上の発表をいふ。

なほこゝに注意しおくべきは吾人がこゝにいふ統覚作用とは、意識の統合作用を汎くさせるものなれば、説明、想像、疑問、命令、禁制、欲求、感動等一切の思想を網羅するものなり。さる意の思想の活動の一回行はれたる

ものが、言語によりて発表せられたるものを一の句とはいふなり。（九一七〜九一八ページ）

さらに『日本文法論』の句の二種大別についての解説を見てみよう。

この二種と称するものは他にあらず、即、一は喚体句と称し、一は述体句と称するもの、これなり。その喚体句と称するものは所謂感動の文より其の形式の叙述体的なるものを除きたる残余にして述体句と称するものは所謂叙述文、疑問文、命令文及叙述文的の形式ある感動的の文を一括したるものなり。この故にこの二種類は必然にかの西洋流の分類とは内容を異にせるものといふべきなり。（中略）

吾人は先喚体句と称するものをいはむ。この種の句にありては、説者は胸中に其の対象を描き、これに対して其の主要なる思想を喚び起せるなり。この故にこの種の句にありては通例一語たるものなり。其の意義の点より見れば、他人の思想の了解作用に訴ふるにあらずして、直ちに意志感動に触接せむことを目的とするものなり。この種の句の完否は単語の数に重きをおくよりも、聴者が之によりて一定の意識を必然的に喚起しうる性質あるか否かの点にあり。

述体句と称するものは其の思想を了解作用の影響をうけて表示するものなり。この故にこの種の句にありては了解作用の二元性の活動によりて、必、分析的傾向を帯ぶ。この最主要なるものは主語と述語との関係なり。この二要素は必然的に述体句に相対立して存せざるべからず。而してこれを語法の差によりて命令、希望、感動、疑問等の用に供しうることもあるなり。しかもそはたゞその内容の差によりて決するものにして主要形式には何等の関係なきものとす。(一一九八～一一九九ページ)

特に述体の句は、統覚作用の働きによって思想が言語表現化される。つまり述体の句が実現化されるというわけである。したがって、思想が句・文となるためには、①属性②実在③統一作用(統覚作用)の三者がなければならない。そして③の統覚作用の働きを「陳述」ともいう。

以上の解説に従って、句を細分した図式を示せば、次のようになるだろう。

- 句
  - 喚体の句
    - 希望喚体の句　あはれ知りたる人もがな　老いず死なずの薬もが
    - 感動喚体の句　おもしろの景色や　三笠の山に出でし月かも
  - 述体の句
    - 説明述体の句　月清し　雨降る
    - 疑問述体の句　何ものをか得たる　雨降るか
    - 命令述対の句　人の悪を言ふことなかれ　雨降るな

喚体の句は、山田文法では、呼格を喚体の句の主成分と説いている。つまり独立語プラス感動の助詞から成り立つわけである。ただし、裸の独立語では感動喚体の句の形式としては不完備であるとし、独立語に修飾表現が付いて完備した喚体の句ということになる。表現内容からすれば、希望喚体の句と感動喚体の句の二種類に分類される。

○花かな　（不完備）

○美しき花かな　（完備）

述体の句は、山田文法では、その基本形式は主語プラス述語であり、主語は体言、述語は用言から成るとしている。表現内容からすれば、説明述体の句、疑問述体の句、命令述体の句の三種類に分類される。

五　山田文法を称える言葉

○大野晋氏の賛辞（『岩波講座日本語1日本語と国語学』二五〇ページ）

山田孝雄は単に厖大な著作を残したという点で注目されるのではなく、それぞれが高い評価に値する研究である点が重要である。ことに二七歳で刊行をはじめた『日本文法論』は明治時代における日本文法研究の白眉である。日本語の文法的特質をよく把握したその理論体系は、該博な資料と透徹した洞察とによって構成されており、追随する研究を多く導き、今日も依然として「山田文法」として専門家の間で大きな影響力を持っている。それは日本文法の研究にして、根本的にこれを超えることは極めて困難であろうと思われるほどのものである。

○古田東朔氏の賛辞（『岩波講座日本語6文法Ⅰ』三二四ページ）

『日本文法論』は、奈良県、高知県と転任していった、独学の、明治の一青年中学校教員が、古今東西の説を検討しながら、日本語、日本文法と格闘した汗のしたたりである。この出現によって、日本文法は学理的なものとなった。

然りと雖、今の日本国語の状態を見よ。熱血あるもの、黙視しうべき秋ならむや。これこの著者をして狂熱迸りてこの迂拙の言をなさしめたる所以なり。

とは、その巻末の言である。情熱、気迫、「最後の国学者」というにふさわしい。

次に平成二十二年十二月に刊行された『山田文法の現代的意義』の中から三人の研究者の言葉に注目したい。

○石神照雄氏の賛辞（論文「山田文法の文の論理と述体、喚体」所収・九七ページ）

山田文法が提示する、文の論理と語の類別に関する研究は、日本文法学の基底となるものであり、百年を経た今日に至るも基本的な枠組に於いて揺るぎないものである。

○山東功氏の賛辞（論文「『日本文法論』の成立」所収・二一三ページ）

山田文法の根幹である「統覚作用」について、それが「句論」において十分な展開がなされたのは、やはり『上巻』刊行段階というよりも、『日本文法論』刊行に至るまでにおいてのことであろう。ただ、その展開が山田にとって最も生活困難な時期になされたものであったということは、感歎に値するとともに、「最後の国学者」と呼ばれるに相応しい凛としたものを感じさせよう。

○ナロック・ハイコ氏の賛辞（論文「『日本文法論』における文成立関連の概念とヨーロッパの言語学」所収・二三八ページ）

数多くの国学関係の文献の解読に加えて、英独二つの外国語を駆使して難解な文献を正しく読み解き、理解し、それを自分の思想の中で自由自在に分解して再構築したことは、驚異的とさえいえる。山田の後にそれに匹敵するような研究活動を展開した日本語（国語）の研究者は非常に数が少ない。そして、「文とは何か」を始めとする山田の根本的な問いは、それぞれの解決があるとしても、今なお根本的には解決されておらず、むしろそれは永遠の課題とさえいえるものであるかもしれない。この問題に関する山田の議論と見解は含蓄に富み、その内容は豪華なものであり、今なお新鮮さを失っていない。

六　終わりに

諸家の賛辞を拝読していくうちに、孝雄の偉大さを何度も認識した。そして、その都度、次に示す『日本文法論』の一五〇一ページ目の「あとがき」を襟を正して読まざるを得なかった。孝雄、三十三歳の時の執筆である。

余が日本文法論は茲に終を告げたり。顧みれば呶々数万言直言憚る処なく罪を世に獲るもの蓋少しとせず。これ実に著者礼に嫻はざる罪なり。敢へて江湖に謝する処なり。然りと雖、今の日本国語の状態を見よ。熱血あるもの、黙視しうべき秋ならむや。これこの著者をして狂熱迸りてこの迂拙の言をなさしめたる所以なり。著者の期する所はこの著によりて国語研究の一新動機を世に呈せむと欲するにあり。固陋短才偏見もあるべく謬断もあるべし。若諸家の指教をえば幸、何ぞ之にしかむや。叙述の体裁或は繁に或は簡に頗秩序なきものの如くなれど、もとこの著の目的はかれに存せずしてこれに存するものなれば、冀くは恕せらるゝことを得む。こゝに筆を擱くにあたりて一言の辞を題す。

＜注＞○呶々＝どど。くどくどと言うこと。○直言＝遠慮なくずばずば言うこと。○憚る＝はばかる。○蓋＝けだし。確かに。○嫻は＝ならわ。○礼に嫻はざる罪なり＝礼に反する行為である。○敢へて江湖に謝する処なり＝強いて世の中に謝る点である。○秋ならむや＝「秋」は時。時であろうか、いや時ではなかろう。○迸り＝ほとばしり。○迂拙＝うせつ。まずいこと。○固陋短才＝かたくなで非才なこと。○謬斷＝間違った学説。○指教＝指導。○何ぞ之にしかむ＝どうしてこれにおよぶだろうか、いやこの指導にかなうものはない。○繁に簡に＝ごたごたしていたりそっけなかったり。○冀くは＝こいねがわくは。○恕せらるゝ＝許される。○筆を擱く＝書き終える。○一言の辞を題す＝一言言葉を書き記す。

孝雄の熱意あふれる研究心・探求心に圧倒され続けながら、国語辞典、古語辞典や漢和辞典、英和辞典や独和辞典など各種の辞典に支えてもらい、この力のみなぎった「あとがき」にまでどうにか読みが到達した。「あとがき」の中でも「熱血あるもの、默視しうべき秋ならむや。」の力強い表現にはしばし釘付けにされた。「とき」と読む「秋」という漢字、「や」の反語の意、これらの言い回しからも日本語の真のあり方を研究・探求して止まない孝雄の学びの姿が感得されてならなかった。と同時に、またも富山市役所の中庭に建っている歌碑の歌が思い出されてきてならなかった。

百千度く里かへしても讀毎にこと新なり古之典

【注】

○ハイゼ　Johann Christian August Heyse（一七六四～一八二九）。ドイツの教育家。主な著書に『独逸文典』。孝雄はこの書の第二十六版を参照。

○ヴント　Wilhelm Wundt（一八三二～一九二〇）。ドイツの生理学者・心理学者・哲学者。

主な著書に『整理心理学原書』『民族心理学』。孝雄は主に『民族心理学』を参照。

○スウィート Henry Sweet（一八四五〜一九一二）。イギリスの音声学者・言語学者。主な著書に『英語音韻史』『新英文法』『言語史』。孝雄は主に『新英文法』を参照。

山田孝雄歌碑（富山市役所中庭内）

【山田孝雄の主な文法研究書】

○『日本文法論』上（明治三十五年・宝文館）
○『日本文法論』全（明治四十一年・宝文館）
○『奈良朝文法史』（大正二年・宝文館）
○『平安朝文法史』（大正二年・宝文館）
○『平家物語の語法』（大正三年・宝文館）［著者名義は国語調査委員会並びに文部省］
○『日本文法講義』（大正十一年・宝文館）
○『日本口語法講義』（大正十一年・宝文館）
○『敬語法の研究』（大正十三年・宝文館）
○『日本文法要論』（昭和六年・岩波講座）
○『国語学史要』（昭和十年・岩波全書）
○『漢文の訓読によりて伝へられたる語法』（昭和十年・宝文館）
○『日本文法学概論』（昭和十一年・宝文館）
○『国語学史』（昭和十八年・宝文館）
○『日本文法学要論』（昭和二十五年・角川全書）
○『俳諧文法概論』（昭和三十一年・宝文館）

【主な参考文献】

第一章

○山田孝雄『源氏物語の音楽』（昭和九年・宝文館）
○浦井靖六『現代先覚者伝』（昭和十八年・堀書店）
○日本言語学会編『雑誌　言語研究　第三十二号』（昭和三十二年・日本言語学会）
○小島政二郎『鷗外荷風万太郎』（昭和四十年・文芸春秋新社）
○山田忠雄編『山田孝雄の立志時代』（昭和四十三年・吉川弘文館）
○『月刊文法　第一・二・三・四・五号』（昭和四十三年十一月～翌四十四年三月・明治書院）
○時枝誠記『時枝誠記博士著作選Ⅱ　国語学への道』（昭和五十一年・明治書院）
○岩波講座『日本語Ⅰ　日本語と国語学』（昭和五十一年・岩波書店）
○佐藤喜代治編『国語学研究事典』（昭和五十二年・明治書院）
○国語学会編『国語学大辞典』（昭和五十五年・東京堂出版）
○太田栄太郎『山田孝雄想い出の記』（昭和六十年・富山市民文化事業団）
○山田忠雄編『壽藏録』（平成五年・三省堂）
○猿田知之『日本言語思想史』（平成五年・笠間書院）
○明治書院企画編集部編『日本語学者列伝』（平成九年・明治書院）
○今野さなへ『晩年の父―回想の山田孝雄』（平成十一年・朝日新聞出版サービス）

○山口明穂・秋本守英編『日本語文法大辞典』（平成十三年・明治書院）
○滝浦真人『日本の敬語論』（平成十七年・大修館書店）
○一孫会編『桂川遺響・出版人三樹一平の足跡』（平成十八年・明治書院）
○阿部次郎『新版　合本三太郎の日記』（平成二十年・角川学芸出版）
○滝浦真人『山田孝雄─共同体の国学の夢』（平成二十一年・講談社）
○斎藤倫明・大木一夫編『山田文法の現代的意義』（平成二十二年・ひつじ書房）
○斉木美知世・鷲尾龍一『日本文法の系譜学』（平成二十四年刊・開拓社）
○斉木美知世・鷲尾龍一『国語学史の近代と現代』（平成二十六年・開拓社）
○館史編纂委員会編『皇學館大學百三十年史・資料篇二』（平成二十六年・皇學館）
○山口謡司『日本語を作った男─上田万年とその時代』（平成二十八年・集英社）

第二章

○日本古典文学体系14『源氏物語一』（昭和三十三年・岩波書店）
○日本古典文学体系14『源氏物語三』（昭和三十六年・岩波書店）
○『潤一郎譯源氏物語』巻一（昭和十四年・中央公論社）
○『潤一郎譯源氏物語』巻一新書版（昭和三十四年・中央公論社）
○『谷崎潤一郎全集』第二十三巻（昭和四十四年・中央公論社）

○玉上琢弥『源氏物語入門』（昭和四十七年・新潮社）
○雨宮庸蔵『偲ぶ草』（昭和六十三年・中央公論社）
○伊吹和子『われよりほかに』（平成六年・講談社）
○『芦屋市谷崎潤一郎記念館ニュース二一号』（平成八年）
○講座源氏物語研究『近代文学における源氏物語』第六巻（平成十九年・おうふう）
○水上勉・千葉俊二『谷崎先生の書簡』（平成二十年・中央公論新社）

第三章

○山田孝雄編『連歌青葉集』（昭和十六年・畝傍書房）
○山田孝雄・星加宗一編『連歌法式綱要』（昭和十一年・岩波書店）
○山田孝雄著『連歌概説』（昭和十二年・岩波書店）
○伊地知鉄男他編『俳諧大辞典』（昭和三十二年・明治書院）
○大野林火他編『新撰俳句歳時記　春・夏・秋・冬・新年』（昭和五十一年・明治書院）
○東明雅著『連全句入門』（昭和五十三年・中公新書）
○日本近代文学館編『日本近代文学大事典』（昭和五十九年・講談社）
○山田忠雄著『壽藏録』（平成五年・三省堂）

第四章

○落合直文・小中村義象合著『中等教育日本文典』（明治二十三年・博文館）
○時枝誠記著『国語学原論』（昭和十六年・岩波書店）
○時枝誠記著『日本文法口語篇』（昭和二十五年・岩波全書）
○阪倉篤義著『日本文法辭典』（昭和三十二年・アテネ文庫）（弘文堂）
○山田忠雄編『山田孝雄の立志時代』（昭和四十三年・吉川弘文館）
○佐伯梅友著『明解古典文法』（昭和四十四年・三省堂）
○阪倉篤義著『改稿日本文法の話』（昭和四十九年・教育出版）
○『日本語6・文法Ⅰ』（昭和五十一年・岩波講座）
○佐藤喜代治編『国語学研究事典』（昭和五十二年・明治書院）
○国語学会編『国語学大辞典』（昭和五十五年・東京堂出版）
○北原保雄著『日本語の世界6・日本語の文法』（昭和五十六年・中央公論社）
○『日本語1・日本語と国語学』（昭和五十六年・岩波講座）
○太田栄太郎著『山田孝雄想い出の記』（昭和六十年・富山市民文化事業団）
○山田忠雄編『壽藏録』（平成五年・三省堂）
○中村幸弘著『先生のための古典文法Q＆A100』（平成五年・右文書院）
○明治書院企画編集部編『日本語学者列伝』（平成九年・明治書院）

○山口明穂・秋本守英編『日本語文法大辞典』（平成十三年・明治書院）
○斎藤倫明・大木一夫編『山田文法の現代的意義』（平成二十二年・ひつじ書房）
○斉木美知世・鷲尾龍一著『日本文法の系譜学』（平成二十四年・開拓社）
○中村幸弘他編著『改訂新版現代日本語の文法』（平成二十六年・右文書院）
○斉木美知世・鷲尾龍一著『国語学史の近代と現代』（平成二十六年・開拓社）
○中村幸弘著『〝する〟という動詞のQ＆A103』（平成三十年・右文書院）

【山田孝雄　年譜】

明治八年（一八七五）　八月二十日、富山市総曲輪に生まれる。小学校授業生の免許を早く取得したいため、明治六年五月十日生まれとする。以後その生年月日を堅持する。

明治二十年（一八八七）　富山県尋常中学校（現富山県立富山高等学校）に入学、一学年修了で退学。

明治二十五年（一八九二）　一月、草嶋小学校の授業生となる。以後小学校の教師を勤めながら、各種教員免許を取得。

明治二十八年（一八九五）　尋常中学校国語科教員免許並びに尋常師範学校国語科教員免許取得。

明治二十九年（一八九六）　四月、私立鳳鳴義塾教員となる。

明治三十一年（一八九八）　十月、奈良県尋常中学校五条分校教諭となる。

明治三十四年（一九〇一）　五月、高知県立第一中学校安芸分校教諭となる。

明治三十五年（一九〇二）　『日本文法論』上を出版。

明治三十九年（一九〇六）　三月、病気のため依頼退職。四月、上京。

明治四十年（一九〇七）　二月、文部省国語調査委員会補助委員となる。

明治四十一年（一九〇八）　『日本文法論』全を出版。

大正二年（一九一三）　国語調査委員会廃止。

大正九年（一九二〇）　日本大学講師となる。

大正十一年（一九二二）　『日本文法講義』『日本口語法講義』を出版。

大正十四年（一九二五）　四月、東北帝国大学講師となる（国文学第一講座「国語学」担当）。

七月、仙台に移住。

昭和二年（一九二七）　同大学教授となる。

昭和四年（一九二九）　二月五日、「日本文法論」により文学博士の学位を受ける。

昭和八年（一九三三）　九月、東北帝国大学退官。

昭和九年（一九三三）　『源氏物語の音楽』を出版。

昭和十年（一九三五）　『国語学史要』（岩波全書）を出版。

昭和十一年（一九三六）　『日本文法学概論』を出版。

昭和十五年（一九四〇）　四月、神宮皇學館大學長兼神宮皇學館長に就任。伊勢に移住。

昭和十八年（一九四三）　『国語学史』を出版。

昭和十九年（一九四四）　五月、勅選貴族院議員となる。十二月、文部省国史編修官となる。

昭和二十年（一九四五）　八月、國史編修院長となる。十一月、本官を依頼免官。

昭和二十一年（一九四六）　五月、勅選貴族院議員を依頼免職。八月、勅令第百九号により公職追放の身となる。

昭和二十四年（一九四九）　再び仙台に移住。

昭和二十五年（一九五〇）　『日本文法学要論』（角川全書）を出版。

昭和二十六年（一九五一）　公職追放解除。

昭和二十八年（一九五三）　十一月、文化功労者として顕彰せらる。

昭和三十二年（一九五七）　十一月三日、文化勲章を授与せらる。富山市名誉市民に推薦せらる。

昭和三十三年（一九五八）　十一月二十日、結腸癌のため死去。享年八十三。

あとがき

『日本文法論』上（約一二〇〇ページ）は山田孝雄先生二十七歳の時、『日本文法論』全（一五〇〇ページ）は先生三十三歳の時の出版である。若い学者の研究成果の迸りを想像して感動するばかりである。しかも、この『日本文法論』が世に出て百二十年以上も経っているが、優れた過去の文法論として見るのではなく、今日においても学びの直接的な対象として様々な問題を提起する燦然と輝いている現代の文法論と見て、ただただ驚嘆するばかりである。とは言え、安易に挑戦できる研究書でないことは身をもって体験した。

和漢混淆の雅文体と、「吾人は」「余は」といった一人称的表現で論を進められていることに戸惑うだろう。読み進めていくにつれて、副詞の分類や助詞の分類、また助動詞を複語尾とみなしていることに注目せざるを得なくなる。さらに句論に大きく目を見張ってしまう。文、文節、単語と分析することから文論が展開されている現行の学校文法とは違って、話し手の説明、想像、疑問、命令、禁制、欲求、感動等の話し手の思想の活動が言語によって実現したものが一つの句であるとみなし、それらを見渡してまず喚体の句と述体の句の二種類に分けている。言語活動を生き生きととらえたこの句論（文論）は圧巻と言えよう。もしこの句論が学校文法に採用されていたならば、子供たちのものの考え方の論理性をより堅固にし、子供たちの言語表現をより堅実なものにする言語教育ができたのではなかろうかと思われてならない。

谷崎源氏については、山田先生が谷崎源氏を単なる『源氏物語』の現代語訳とみなさないで、昭和源氏という現代小説の出現であるという作成意図を尊重して校閲に当たり、戦後の谷崎源氏に至るまでその校閲姿勢を堅持されたことは、谷崎にとってはこの上もなく有り難く思ったことはもちろんのこと、先生の毅然としたこの姿勢に多々敬服するのである。それにしても『定本源氏物語新解』に書き込まれた「削レリ」「削ル」などの各範囲の原文を解読吟味し、先生と谷崎がこの古典の生命を守り抜くために、時局に向かう心の内を探ってみたいと思うのである。

連歌は尊父から継承したものであり、先生自身は若い時から稽古に励まれ、世の人にもこの稽古を受け継いでもらわなければならないという思いで、稽古連歌を営まれた。その中で大学の教授仲間と座を組んで巻かれた世吉の賦物「賦何衣連歌」を、孝雄の『連歌概説』を座右に置いて鑑賞を試みた。この著書の中の「連歌は実にその連歌に参加せる衆人の精神の共鳴によりて生じたる文芸的産物といふより外あらじ」という言葉どおり、連歌はまさしく「座の文学」であることを、この鑑賞を通してしみじみと知った。

さて、本書の上梓に当たって、右文書院の三武義彦社長から温情あふれるご指導・ご支援を賜った。衷心より感謝する次第である。

○

終わりに、先生の蔵書が富山市立図書館に寄贈され、『山田孝雄文庫』が創設されたが、この慶事に関する思いを地元紙の「北日本新聞」(平成十九年(二〇〇七)五月九日朝刊)に掲載した拙文をここに紹介してみたい。

富山市立図書館の『山田孝雄文庫』が見事に整理・創設された。洋装本約一二〇〇〇点、和装本約六二〇〇点が日本十進分類法に基づいて整えられたのだ。とりわけ和装本では、書写本や江戸時代の木版印刷本の綴じの乱れを直すなどして、新たに作った箱に入れて書名を示し、書棚に納められた。あらためて蔵書の膨大さに感嘆するのである。

その際、分厚い『山田孝雄文庫』の手引き・洋装本編と和装本編の二冊が刊行された。書名紹介と書名索引、著者名索引が編集されている。洋装本にはさらに山田先生の著書や研究論文の紹介と、その索引も付いている。あらためて図書館の職員の方々の並々ならぬ努力に感謝したい。日本語や日本文学の研究者、また先生に興味を持つ人々が全国から訪れ、学びの糧を得てもらいたいものである。

それにしても素晴らしい蔵書である。例えば、江戸時代随一の『源氏物語』の注釈書である北村季吟の『源氏物語湖月抄』の、また本居宣長が三十余年も研究して著した『古事記』の研究注釈書『古事記伝』の木版印刷本がそろっている。これだけでも蔵書の豊かさが分かる。

言語・文法に関する英語や独語の洋書も多い。そういえば、山田文法樹立の名著『日本文法論』には、これらの洋書からの引用が目立つ。先生の見事な外国語独習に驚嘆するばかりである。

ここで、個人の蔵書らしい部分を紹介してみたい。博士論文にも匹敵する研究者の著書であっても、先生は誤りを見つけた場合、克明に訂正を書いたしおりを挟んでおられる。また名著と世に認められている書であっても、先生は「解釈上誤り多し」と表紙の裏に書いておられる。さらに先生自身の著書においては、初版はもちろんのこと、二訂版にも三訂版にも自身の新しい研究成果による訂正を書き込んでおられる。それらの書を手にした時、これこそ本物の学者の姿であると思い、感動のあまりしばらく体の震えが止まらなかった。

さて、この五月から、十年かけて整理整頓された『山田孝雄文庫』がいよいよ公開されるに至った。この膨大な蔵書を直接に見て、富山市名誉市民である偉大な越中人の学びの姿に触れてみたいものである。

平成三十一年二月二十八日

神島達郎

山田孝雄文庫に収蔵されている数多くの「洋装本」「和装本」「著作」

洋装本

和書8,754余点、洋書167余点、雑誌445余誌、著作は手校本を含め840余点からなる。特に国文学、国語学、神道関係の図書が多い。

和装本

写本1,400余点、刊本4,600余点、唐本130余点、複製本600余点からなり、博士自筆写本や、連歌・俳諧関係の古写本には異色のものがある。

著　作

『日本文法論』『奈良明文法史』『平安明文法史』『平家物語の語法』『俳諧文法概論』ほか、総じて２万余頁にものぼる著作。

著者略歴

神島達郎（かみしま たつろう）

昭和十年（1935）富山県生まれ。昭和二十九年（1954）三月富山県立富山高等学校卒業。昭和三十四年（1959）三月東京教育大学文学部卒業。同年四月から昭和五十七年（1982）三月まで県立高等学校教諭。同年四月から昭和六十二年（1987）三月まで県教育機関勤務。同年四月から平成六年（1994）三月まで県立高等学校教頭・校長。同年四月から平成八年（1996）三月まで富山県総合教育センター所長。右文書院、学事出版、有精堂出版、東京法令出版等の国語教育関係の講座に指導法や教材研究などを執筆。『越中人譚』誌に、黒川良安（医学）・松村謙三（政治）・山田孝雄（国語国文学）・堀井三友（考古学）・大島文雄（国文学）・岩城準太郎（国文学）・大間知篤三（民俗学）・岡崎文夫（歴史学）・稲塚権次郎（農政）・常磐津明石太夫（邦楽）・川崎順二（民謡）等代表的な越中人の業績並びに人物像を執筆。『源氏物語鑑賞講座』を二十五年にわたり継続中。

山田孝雄 熱血あるもの、黙視しうべき秋《とき》ならむや

平成三十一年四月二十日 印刷
平成三十一年四月三十日 発行

著者 神島達郎
装幀 鬼武健太郎
発行者 三武義彦
印刷・製本 株式会社文化印刷

〒101-0062 東京都千代田区神田駿河台一―五―六
発行所 株式会社 右文書院
振替 〇〇一二〇―六―一〇九八三八
電話 〇三（三二九二）〇四六〇
FAX 〇三（三二九二）〇四二四

*印刷・製本には万全の意を用いておりますが、万一、落丁や乱丁などの不良本が出来いたしました場合には、送料弊社負担にて責任をもってお取り替えさせていただきます。

ISBN978-4-8421-0801-8 C0081

（用紙）大ラフ淡クリームせんだい54kg